JN144651

［空間史学叢書 Study on spatial history 2］

装飾の地層

岩田書院

空間史学叢書2　目次

特集〈シンポジウム〉装飾の地層

二〇一二年八月二日、空間史学研究会において「装飾と空間」と題したシンポジウムを行った（於：東北大学川内南キャンパス）。本巻頭特集はそのドキュメントである。

古来、人々の営みの場にはさまざまな装飾が施されてきた。例えば書院造の空間は柱・畳・天井・襖のほか、障壁画・詩画軸・唐物・茶器などにより構成されている。建築部材から調度品、または宗教偶像にいたるまで、それぞれが固有の社会的・文化的背景をもちながら、総体としてそこにある種の世界観が表出している。部分と全体、あるいは技術的・物理的な表層と観念的な深層など、空間の読解はこれら相互の多様な意味の連関を読み取ることが課題となるのである。しかし現状の研究状況をみると、例えば仏像や絵画などの装飾については美術史が、柱や梁などの技法や平面形式については建築史が、背景となる意味や理念については思想史がといったように、それぞれの専門分野で議論が分断される傾向があることも否めない。

「装飾」を手掛かりに、まずは「山林表象」と「天井の荘厳」をきっかけに、細分化された専門分野の枠を越えた空間の意味の重層性に迫りたい。

山林の絵画表象と仏教荘厳

泉　武夫

はじめに

仏教美術のなかには山林に関連するモチーフが様々な形で出てきます。樹木や山岳、あるいは渓流など種々のモチーフがそこに含まれますが、今回これらを「山林表象」と呼ぶことにしました。この呼び方が妥当かどうかはともかく、仏教美術に豊富に登場する山林表象や自然のモチーフがどのようなあらわれ方をしているのか。この問題を考えるのが本発表の意図です。

この問題は、「装飾と空間」という今回の大テーマにもふさわしいと思いますが、宗教における装飾は「荘厳」という呼び方をするので、山林表象の仏教荘厳の種々相を考える、と言い換えても良いでしょう。荘厳と言うと、本質ではなく付属というイメージが強いと考えがちですが、私は、宗教美術には荘厳が不可欠ではないかというスタンスをとっております。その重要性をできるだけ明らかにしたいというのが、本テーマの趣旨となります。

1　仏教思想と山林表象

では、はじめに仏教思想と山林表象との関わりについてみてみましょう。

「柳は緑、花は紅」という有名な詩句があります。これは宋時代の蘇東坡が禅の悟りを表したとされるものですが、その後に「これ真の面目なり」という句が続きます。自然の姿そのものが仏教の本質を体現するということを示しています。本質は、ある時は「禅」、ある時は「法身」、「実相」あるいは「法」と呼ばれたりします。ほかにも蘇東坡の禅の句として「廬山は烟雨、浙江は潮」というのがありまして、禅門では名句とされています。その前に「到り得て帰り来たれば別事なし」と詠まれています。すなわち、悟る前は意味がわからない、けれども悟り終わってみれば普段の光景そのものが法身、言うなれば実相の姿そのものであると、そういった内容と解釈されます。私もこの境地にあやかりたいと考えていますが、未だに達しません。

禅林美術で流行した山水画は、こうした自然観を表明したものが多いと考えられ、山林表象にそうした悟りの世界のあらわれを読み込む、ということが行われてきたと想定できます。例えば、「秋景山水図」（京都・金地院蔵）といった宋代の山水画が、禅そのものを表していると読み込むことが可能なわけです（図1）。山林表象が仏教の本質を表しているという姿勢の一つと言えます。こうした例では、山林表象は荘厳の立場から一挙に仏教の本質表明といった立場に格上げされることになります。空海の『性霊集』にある「三宝の声、一鳥に聞く」という句も、そうした自然の全てが仏法のあらわれとするという一例でしょう。こうした主張は宗派の違いに関係なく、方々でみることができます。

ただし、この蘇東坡の詩句や山水画に悟りの世界を読み込むという立場は、山林表象を過大評価する危険も持ち合わせています。「柳緑、花紅」という禅の句は、一方において、道元が「眼横鼻直」という句に込めた意味とほぼ同じです。「眼横鼻直なることを認得して人瞞をこうむらず。すなわち空手にして郷に帰る」とありますが、眼は横に付いている、鼻は縦に付いている、それで全てではないか、といった内容のものです。この世に現象する一切が悟りを開いた、つまり仏法を正しく理解した側からすれば、仏教の本質を体現していて余すところがない、ということを意味しています。自然のみを取り上げて、それを仏法の体現としてしまうと、なんでもかんでも仏法になってしまい、いわゆる仏教でいうところの悪平等に陥ってしまいます。山林表象の評価には一定の節度が必要であると、私が考え

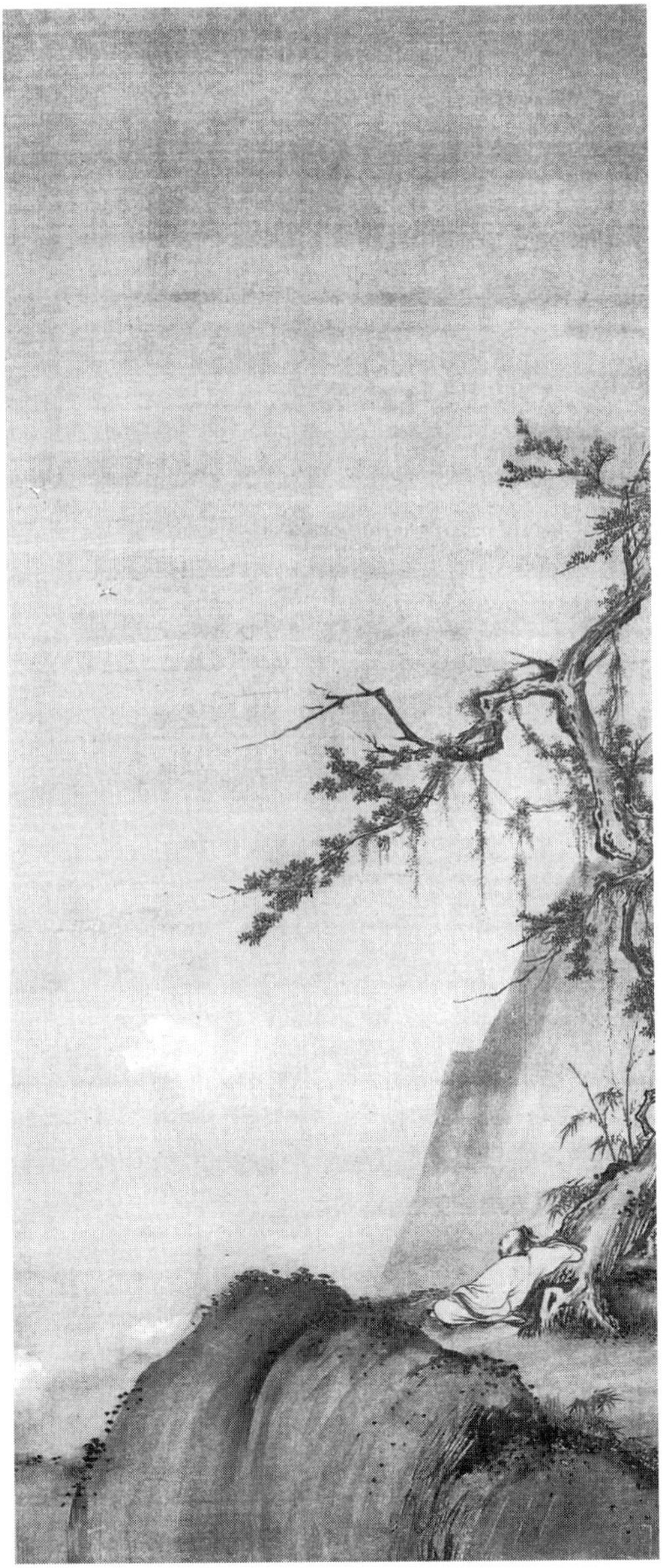

図１　秋景山水図　伝徽宗筆　金地院
『国宝大事典１絵画』（講談社、1985年）

る理由がここにあります。

2　樹木と植物文

では仏教美術における山林表象の検討に入りますが、最初に、個別的モチーフの使用という面から考えてみます。

仏教的世界観のなかでの山林表象は、仏教でいう器世間という範疇に入ります。古来の仏教的範疇論では、衆生世間（有情世間）と器世間という分類があります。心を持った存在、煩悩を持ち悟りと救いを必要とする存在というのが衆生世間です。その衆生を包む存在である山河大地が器世間と呼ばれるものです。仏教の教化の対象となるのは第一義的には衆生世間で、器世間は当初はその対象とはなっていません。山林表象はこの器世間に該当します。しかし、衆生世間は器世間の支えなしには存在できないように、仏教美術においても山林表象の力を借りるということが行われてきたとみられます。

そこでまず眺めてみたいのは、個別的モチーフの使用例です。山林の構成要素となる樹木、さらに花と葉、荷葉の表象をみてみましょう。

インドでは気候上の制約から、日陰を提供する傘や樹木は重要な役割を果たしましたが、釈迦の伝記である仏伝の節目の出来事にもしばしばこの樹木があらわれます。誕生は無憂樹の下、降魔成道つまり悟りは菩提樹の下、涅槃は沙羅双樹の下といった具合です。これらの樹下の空間は、最初は日陰という実利的な性格であったかもしれませんが、やがて樹木の霊力という信仰の流れを吸収して、信仰空間に変質します。

例えば、敦煌莫高窟第一七窟北壁の有名な「樹下人物図」が挙げられます（図2）。手前に塑造の僧形像が置かれた、この樹下尼僧形図および樹下侍者図は、そうした霊性をすでに帯びているとみられます。ほかにも韋家墓西壁の「仕

図２　敦煌莫高窟17窟北壁　樹下人物図
『中国石窟　敦煌莫高窟４』（平凡社、1982年）

女図」など、仏教的文脈以外の樹下人物図がこういったかたちで数多く残され、それらの共通の背景となっている樹霊信仰が、ここに投じられていると思われるからです。

後代の羅漢図や高僧図などにも、その残滓があるとみられます。これは平安後期の「羅漢図」(東京国立博物館蔵)の一幅です(図3)。また、釈迦説法図のなかで、楼閣があるにも関わらず、どうしても樹木の天蓋を描かないと気が済まないといった例も経絵のなかに見出すことができます。これは、一二世紀初期の「中尊寺経（清衡経）」(金剛峯寺蔵)の見返しですが、こういったものもその類例に挙げられるでしょう(図4)。

さらに目を近づけて、花と葉、荷葉表象の使用を考えてみましょう。各種の唐草文様や宝相華文様などの植物文は、建築・彫刻・絵画・工芸など仏教美術のあらゆる場所に溢れています。仁和寺の「宝相華蒔絵宝珠箱」は、表面が宝相華文様で覆われています(図5)。鳳凰堂の建築装飾、天井の装飾は立体的な装飾として挙げられます(図6)。このような複雑に絡み合う蔓・茎や豊満な樹葉形を眺めていると、生命に満たされる気分になります。

もちろん、これらが装飾文様であることは揺るぎなく、洋の東西を問わず造形モチーフの定番ではあります。しかし、意味的に、本体を守護する、あるいは内容物に対して生命力を付与する、あるいは本体の霊験性に呼応する、といった呪術的性格がなかったとは言い切れないように思います。

これは、隋の仁寿年間に皇帝の指示で全国に埋納された、いわゆる「仁寿舎利塔石函」の側面線刻です。陝西省耀県にある神徳寺祉から出土した石函の北面の反転図になります(図7)。四面は緻密な線刻画によって荘厳されていますが、唐草文と沙羅樹が付随的とは言いかねるほど、かなりの空間を占めています。とくに、宙を旋回する唐草などは、沙羅樹の葉の形を取り込みながら、強大なエネルギーを発散させているようにみえます。意味を漂白された単なる装飾とは思えません。

図３　十六羅漢図のうち第十一尊者　東京国立博物館
『日本の仏像大百科５習合神・高僧』（ぎょうせい、1991年）

図４　紺紙金銀字一切経　大般若経巻第422見返絵　金剛峯寺
科学研究費補助金研究成果報告書（総合研究 A）
『金剛峯寺蔵中尊寺経を中心とした中尊寺経に関する総合的研究』
（研究代表者上山春平、1990年）

図５　宝相華蒔絵宝珠箱　仁和寺　特別展目録
『仏舎利と宝珠―釈迦を慕う心』（奈良国立博物館、2001年）

図６　平等院鳳凰堂　建築装飾
『平等院大観第１巻　建築』（岩波書店、1988年）

図７　神徳寺石函線刻　身北面
科学研究費補助金研究成果報告書（基盤研究Ｂ）
『隋唐時代の仏舎利信仰と荘厳に関する総合的調査研究』（研究代表者加島勝、2012年）

次に、これは唐代に造られた白大理石製の「虚空蔵菩薩坐像」(西安碑林博物館蔵)です(図8)。陝西省西安の安国寺祉から出土したものですが、この台座にはスケールの大きな荷葉モチーフがみえます。さらに、唐時代に形成された兜跋毘沙門天像というものがありますが、その図像の一つである台座の部分の荷葉表現もその類例として提示したいと思います(図9)。こうした荷葉モチーフは私のいう山林表象の一種であり、自然の霊力を分かち与える意味があったとみなせるわけです。

図8　石造虚空像菩薩坐像
陝西省西安碑林博物館(著者撮影)

図9　兜跋毘沙門天図像
四種護摩本尊并眷属図像のうち　醍醐寺
石田尚豊『曼荼羅の研究』(東京美術、1975年)

3　現世と浄土との結節

次に、現世と浄土の結節というテーマを考えたいと思います。ここで取り上げるのは、一見すると山林表象がある場所としてはふさわしくない場所に、山林表象のモチーフが進入している、あるいは部分使用されているという例になります。

仏教美術の主題には、我々の生きる娑婆世界のなかで起きたとされる出来事が膨大にあります。そうした出来事を描写する箇所では、多くの山林表象が登場するのは当たり前です。その代表例として須弥山が挙げられます。法隆寺「玉虫厨子」の台座背面（図10）、あるいは密教の道場観として図示された須弥山（図11）、それから敦煌莫高窟第四四五窟「弥勒経変」中の須弥山（図12）、キジル千仏洞第一一八窟中の須弥山（図13）など、多様な表象がみられます。後に出てくる霊鷲山もその一例です。

いっぽう、本来あるはずのない所に山林の表象が登場するという現象がみられます。それはある種の浄土図です。仏菩薩が主人となる浄土は、諸経典に説かれている通り、基本的にどこまでも平坦な場所です。唐時代の敦煌壁画には、こうした夥しい数の浄土図があります。

ところで、日本の法隆寺金堂壁画は奈良時代の遺例ですが、現在は焼失しているものの、四面の大きな壁に四方浄土とされる壁画が描かれていました。その尊名と主題には諸説ありますが、一般には東方薬師、南方釈迦、西方阿弥陀、北方弥勒と考えられています。各面とも如来を中心に菩薩や眷属が左右を埋める図様が浄土図にふさわしいとされてきたわけです。

ところが、浄土図ならば平坦な画面を持つはずなのに、どの面にも大きな切石が登場します。六号壁「阿弥陀説法図」に至っては、背景に山岳まで描かれています（図14）。極めて特異なこの阿弥陀面について言うと、中国の説話で五通菩薩という人物の目の前に、阿弥陀と五十菩薩が影現《ようげん》したという話があり、それを描いた敦煌壁画と共通しています（図15）。つまり、現世に出現した浄土の仏菩薩たちを表したというところから、山林表象を伴う事態になってい

図10　玉虫厨子　台座背面　須弥山図　法隆寺
『日本美術全集２　飛鳥・奈良時代１　法隆寺と奈良の寺院』（小学館、2012年）

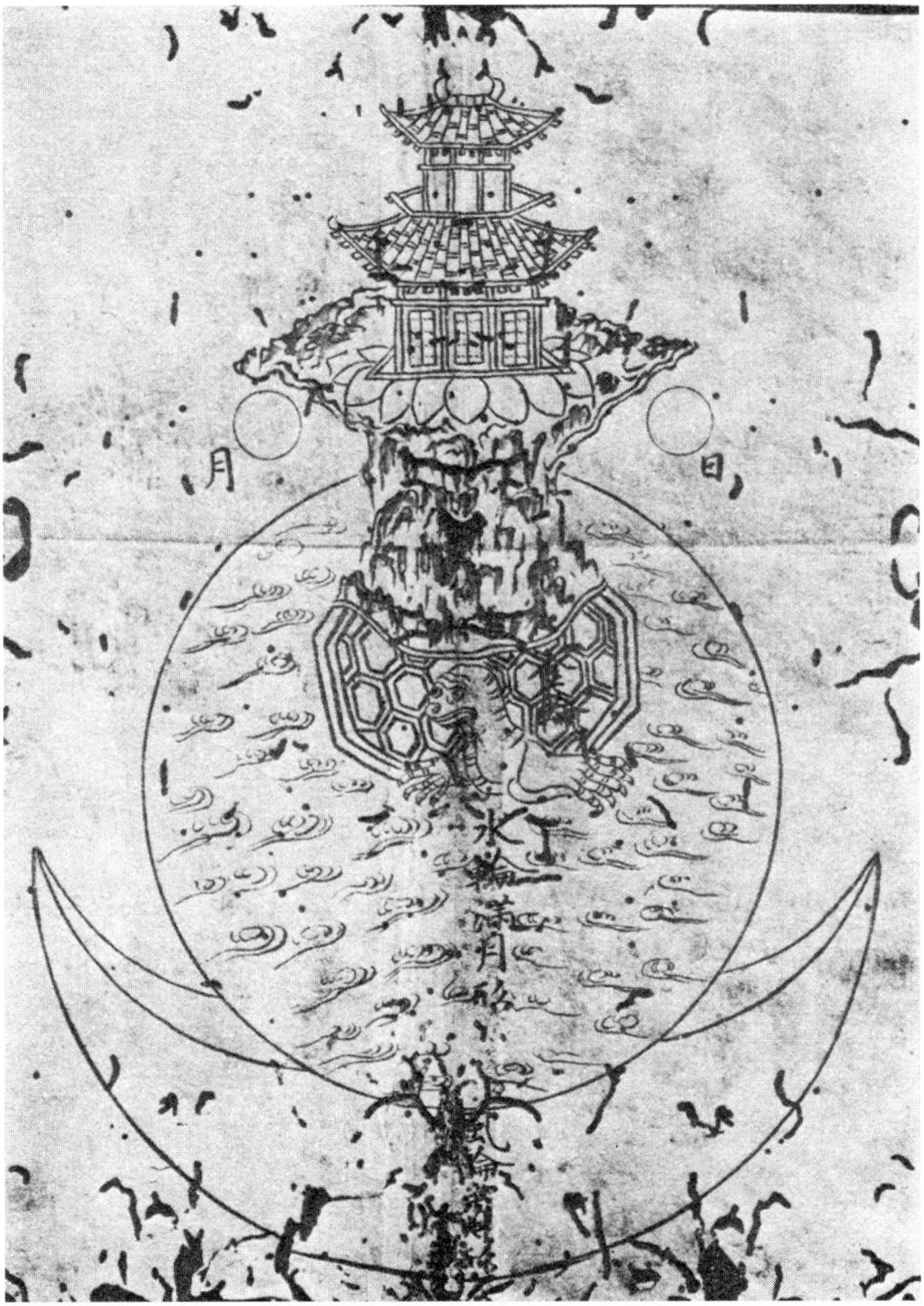

図11　密教観想道場図　『秘蔵記』 大正新脩大蔵経図像第１巻

図12　敦煌莫高窟第445窟　弥勒経変　『中国石窟　敦煌莫高窟３』（平凡社、1981年）

図13　キジル千仏洞第113窟左側壁　グリュンヴェーデル模写による

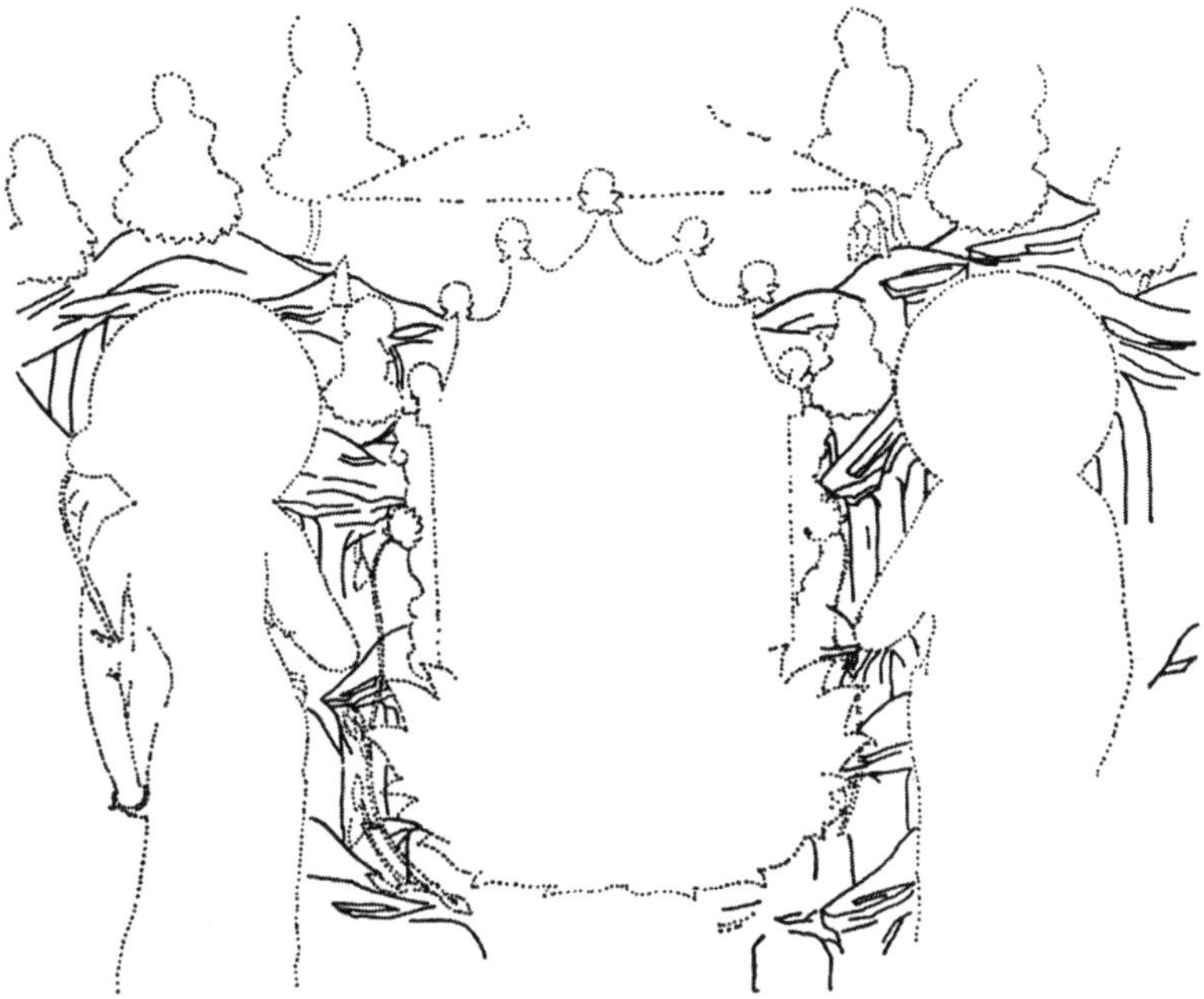

図14　法隆寺金堂壁画６号壁　山岳指図
『佛教藝術』230号（1997年）
肥田路美「法隆寺金堂壁画に画かれた山岳景の意義」挿図より

るわけです。とすれば、他の面の切石も部分的モチーフではありますが、現世的な山林表象とみなすことができるかもしれません。浄土的景観に山林表象を入れざるを得ないという態度が、宗教的意識のあらわれ――つまり一方においては理想郷を想定しながら、他方において現世との接点を確保する、という心理的メカニズム――を示しているように思います。

実は中国の浄土図の中にも、山林表象の進入とみなされる現象があります。浄土には平坦であることと、瓔珞《ようらく》を施された宝樹が立ち並んでいるという特色があります。敦煌莫高窟第三二〇窟「観経変」中の阿弥陀浄土に描かれた一部分には、宝樹に混じって別の樹木がみえます（図16）。これは松とみなされますが、松というモチーフは、例えば韋提希夫人の日想観の場面に出てく

図15　敦煌莫高窟第332窟東壁　阿弥陀五十菩薩
『図説日本の仏教３　浄土教』（新潮社、1989年）

図16　敦煌莫高窟第320窟北壁　観経変
『中国石窟　敦煌莫高窟４』（平凡社、1982年）

るような、極めて現世的な指標です（図17）。ほかに、同じく盛唐時代の阿弥陀浄土図である第一七二窟「観経変」にも松が描かれています（図18）。これは東北大学卒業生である竹浪遠氏の博士論文より教えられた材料です。本式の浄土図でも山林表象の取り込みがなされている点は、現世との接点の確保ということを無意識に行っているように思えます。

　現世との接点が多いという観点から無視できないのは、兜率天浄土でしょう。兜率天というのは、未来に仏となる弥勒が現在は菩薩として主宰している場所です。須弥山の上方に位置しますが、娑婆世界と同じ欲界に属します。そのため、天女や俗形者がいるなど、ほかの浄土とは異なる特色を持っています。そして、しばしば豊かな園林表現を伴います。ここでは、敦煌莫高窟第三三八窟（初唐）および第二三一窟（中唐）の二例の「兜率天浄土図」を挙げます（図19・20）。兜率天宮の左右の院の所に、豊かな園林表現がみられます。このように、現世的な遊《ゆ》

図17　敦煌莫高窟第320窟北壁　日想観

図18　敦煌莫高窟第172窟南壁　観経変

楽《らく》に結びつく要素が兜率天に多く持ち込まれており、その一つが山林表象とつながる園林表現であるというのは、仏教的理想郷であっても、山林表象の誘惑を免れがたいという事情を物語っているのではないでしょうか。

さて、園林を必要条件とする兜率天、という見方が正しいとすれば、後世の仏教伽藍のアイデンティティに関する言説のなかに、兜率天に関わる興味深い例を見出すことができます。大安寺は古代日本の代表的寺院ですが、寛平七年（八九五）成立の『大安寺縁起』によると、その伽藍は唐の西明寺を模範として造営されたのですが、西明寺は天竺の祇園精舎を模範とし、さらに祇園精舎は兜率天宮に倣って造られたと語られています（長岡龍作氏のご教示による）。このようにリレーされる、イメージの連鎖といったものが認められます。

それから、典拠が未確認なものの、亀田孜氏の説によれば、興福寺も大慈恩寺に則り、大慈恩寺は兜率天宮に則ったというイメージ連鎖があります。祇園精舎のイメージというのは必ず園林を伴っています。これはインドの例ですが、園林の

図19　敦煌莫高窟第338窟　弥勒経変

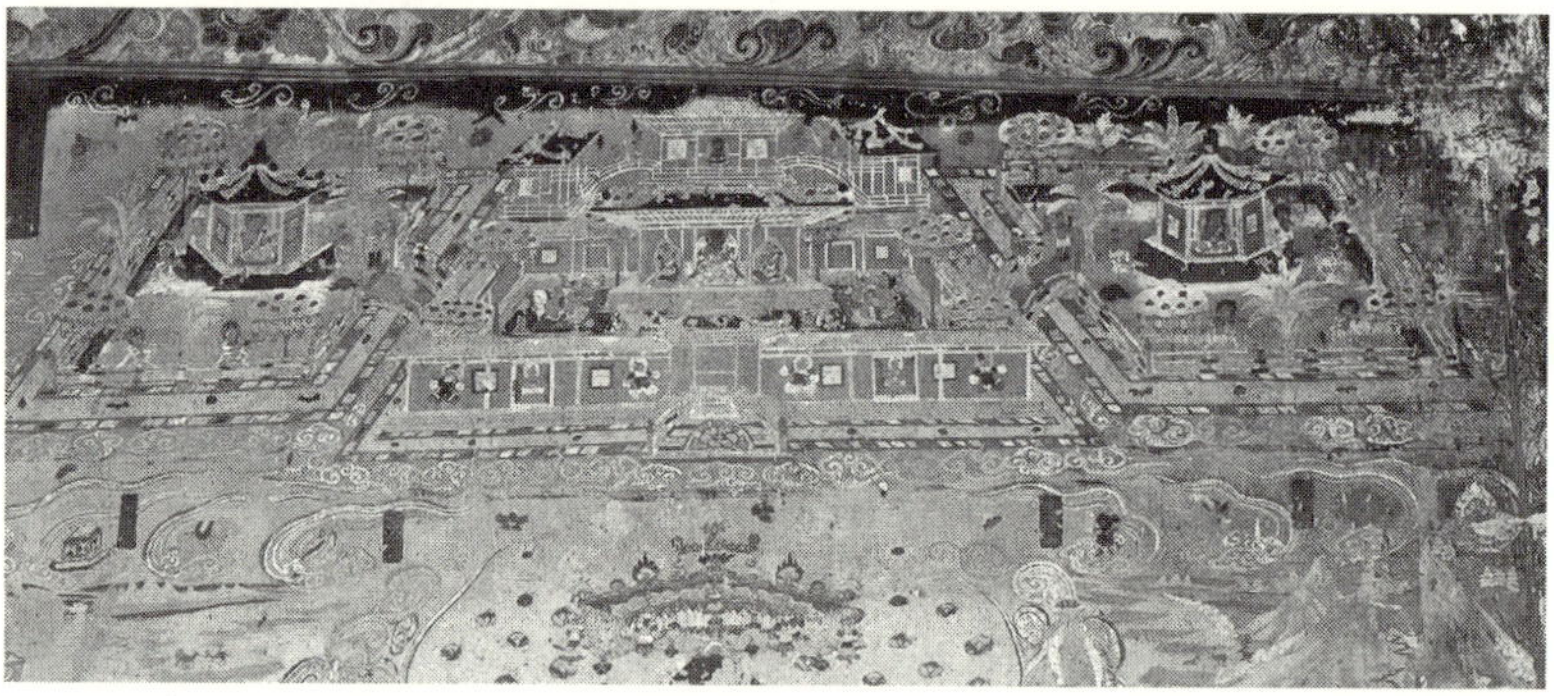

図20　敦煌莫高窟第231窟　弥勒経変

モチーフがあります（図21）。これは、昔はどうなっていたかわかりませんが、現在の祇園精舎の跡です（図22）。これは玄奘が訪れた時の荒廃した祇園精舎の跡を、日本の中世の絵巻が想像によって再現したという例です（図23）。兜率天浄土と現世の仏教伽藍を結びつける、重要なイメージの回路に園林モチーフが介在していることは疑いないでしょう。私的に言えば、これも山林表象の役割の一つです。

浄土的空間と現世的空間を結びつける山林表象の例をもう一つ眺めておきま

図21　祇園精舎の布施図　バールフト欄楯
『世界美術大全集　東洋編13　インド（1）』（小学館、2000年）

図22　現在の祇園精舎の園林

図23　玄奘三蔵絵　巻第五　祇園精舎跡
奈良国立博物館特別展目録『天竺へ』（2011年）

しょう。飛鳥時代に制作された法隆寺金堂「釈迦三尊像」の台座です。形状から「宣字座」と呼ばれていますが、その側面には上座にも下座にも山岳が描かれています（図24・25）。背面には山中人物もみられます。長岡氏の説によれば、これは釈迦が坐す場所、つまり座上の空間が浄土――ただし何の浄土か断定できない――であるのに対して、台座は現世から浄土に向かう道を意味している可能性があるとしています。以上は中公新書の『日本の仏像』で提唱されている説ですが、建設的な見解だと思います。上が浄土、下が現世という関係にあり、現世と浄土の結節といった位置付けになるかと思いますが、あるいは上は仏界、下は俗界と言い換えてもいいかもしれません。すると山岳モチーフは、現世と浄土のつながりを示す山林表象と言っていいのではないかと思います。私見によれば、これはただの山岳ではなくて奇山とみるべきです。奇岩や奇山であってはじめて、その空間を聖別する機能が果たせると考えるからです。なお、長岡氏の作年のシンポジウム発表では、遠山というモチーフを取り上げて、そこに浄土とのつながり、境界機能ということを想定しているとい

図24　釈迦三尊像台座　上座正面　法隆寺
特別展目録『国宝　法隆寺金堂展』（奈良国立博物館、2008年）

図25　釈迦三尊像台座　下座正面　法隆寺
特別展目録『国宝　法隆寺金堂展』（奈良国立博物館、2008年）

う考え方が出されていましたが、私もそれには賛同します。ここで言うような奇山というものとどう関わるかは、今後検討してみたいと思います。

4　山林表象に包まれるということ

これまで山林表象のモチーフないし部分的使用の例をみてきましたが、いずれも荘厳の機能を持ちながら、同時に意味的な役割を果たす場合があるということが浮き彫りとなりました。次に、全体にまでおよぶ使用例をみてみましょう。先に述べたように、単に山林を背景として用いるのであれば掃いて捨てるほど類例がありますので、ここでは何らかの意味を持つ使用例に着目したいと思います。

まず、和銅四年（七一一）の法隆寺五重塔初層に表された塔本塑像群をみてみましょう。北面「涅槃像土」は、中央の涅槃像は後補ですが、あとは比較的当初の状態を残していると言われています（図26）。五重塔初層は、維摩、分舎利、弥勒を表した他三面を含めた四浄土から成りますが、四方とも立体的な塑造の山岳形に包まれています。かつては樹木も付属したようで、まさに山林表象と言えるものです。これらは中国の「塑山水壁」、略して塑壁に由来することが小杉一雄氏によって指摘されていますが、元興寺や薬師寺の塔本にも同様のものが表されていたと推定されています。この山林表象は娑婆世界の象徴ですが、『七大寺日記』で山は険しくたたまれ道は曲折すると言われるように、ただの山林ではなく、やはり奇山・奇岩であることが重要なポイントとなるでしょう。涅槃の場などは、実際は沙羅樹があるだけでよいのですが、仏伝の言説と乖離するほどの奇怪な山林表象に包まれるという設定は、塔本の空間的充填という要請だけではなく、やはり奇山・奇岩・奇樹からなる、霊力のある仏教的荘厳が必要だったからとみなすことができます。

図26　法隆寺五重塔塔本塑像　北面涅槃
『日本古寺美術全集１　法隆寺と飛鳥の古寺』（集英社、1979年）

図27　法華堂根本曼陀羅　赤外線写真　ボストン美術館
『美術史学』27号（2006年）　ジャッキー・エルガー、アン・ニシムラ・モース、リチャード・ニューマン「法華堂根本曼陀羅に関する科学的研究」付図より

霊鷲山の表象についても同じことを指摘できます。これは八世紀の「法華堂根本曼陀羅」（ボストン美術館蔵）です（図27）。この後方全体に、釈迦がその前で説法したとされる霊鷲山（一説に須弥山）を描いています。これほどの大規模な山岳で表さなければならない理由がなければ取らない表現であると思います。しかも、樹木や山塊はほとんどが奇形あるいは奇勝性を帯びています。赤外線撮影画像ですと、どの場面を取り上げても奇怪な形であることがよりはっきりと分かります。本図は残念ながら山頂部分を欠いていますが、通常の霊鷲山はいずれも鷲の頭の形をいただく奇妙な格好に表されます（図28）。もちろん、作る側は実見することはできないので想像して描くのですが、好んでこの奇勝性を造形化しようと努めているようです。仏教荘厳としての山林表象には、しばしば奇勝性が求められるというわけです。

図28　法華経曼荼羅図　部分　海住山寺
『海住山寺の美術』（海住山寺、2013年）

次は、山林表象に抱かれるといった、より幸福な使用例です。これは平安後期の「平家納経」（厳島神社蔵）神力品見返絵です（図29）。山中で経典を読む、看経する僧を描いています。古来の山中僧侶図の系譜にもつながる図様ですが、ここでも凡庸な山水ではなくて、風光明媚な景観を表出しています。ややリラックスしすぎた看経姿ですが、やはり奇勝と言ってよい景観に包まれていま す。また、「法華経宝塔曼荼羅図」の一例である平安後期の談山神社本では、文字塔を中心として、その周辺に関連する説話（経意絵）を表しますが、奇岩・奇勝を配置して仏塔がそれらに包まれた浄地に起塔されています。塔をまるで包んでいるように表すのは、少なくともそのように構想しているようにみえます。隋時代に仁寿舎利塔を立てるという勅状が下された時に、優れた景勝地を選ぶべしという指示がなされたことも思い起こされます。先ほど出てきた神徳寺址は仁寿舎利塔の塔があった場所であり、これが実際の景観です（図30）。

次に挙げるのは、北宋の二代目皇帝による一切経であ

図29　平家納経のうち　神力品見返絵　厳島神社
特別展目録『聖と隠者』（奈良国立博物館、1999年）

る「御製秘蔵詮」見返絵の図様をとどめる版画です（図31）。これらに認められる山林表象は、奇勝の極みと言うべきもので、見ているだけで幸福感におそわれます。求道の場としての現世という位置づけが悦楽の場に変化しはじめていることを示しているかもしれません。荘厳としての山林表象が浄土的な輝きを帯びはじめている、と理解するのはいかがでしょうか。

5　草木国土と山林表象

さて、山林表象に張り付いている思想が大変個性的だという点で、注目される流れがあります。「草木国土《そうもくこくど》、悉皆成《しっかいじょう》仏《ぶつ》」という理念と、それにまつわる『法華経』「薬草喩品」の絵画的表象です。本来、非情であるはずの草木までが成仏

図30　神徳寺址　中国陝西省

図31　御製秘蔵詮　山水図　フォッグ美術館
『中国美術全集　絵画編20　版画』（上海人民美術出版社、1988年）

できるという考え方は、日本中世の特色でもある本覚思想と結びついて、宗教思想や文学に及ぶ広い範囲に浸透していたことが知られています。この辺りは佐藤弘夫先生のご専門ですが、その過程の中では『法華経』「薬草喩品」の比喩、つまり草木に普く雨が及ぶように、仏の教えは一切衆生に及ぶという喩えと、『大般涅槃経』の「一切衆生、悉有仏性」という理念が強く影響を与えているとされます。日本では「草木国土、悉皆成仏」というのは『中陰経』に依拠すると捉えられているようですが、実際には経文にはないということになっています。それから、これは室町時代の謡曲の例ですが、金春善竹作の謡曲『芭蕉』では、「薬草喩品」の比喩と草木成仏が合体しています。「薬草喩品」にしろ『涅槃経』にしろ、厳密には草木の成仏まで説き及んでいるわけではないのですが、言葉の表象のレベルで習合してゆくようです。

そこで、関連する経意絵の絵画表象をみていきましょう。平安後期の「仏功徳蒔絵経箱」（藤田美術館蔵）は、『法華経』の経意絵を各面にあしらった遺品ですが、その一面に「薬草喩品」が表されています（図32）。草木、雲、雨という最小モチーフからなっていて、意味が明快です。それから一一四一年頃に制作された「久能寺経」（東京国立博物館蔵）のうち「薬草喩品」の見返絵ですが、これは山林というよりは野原のような場所に傘をさす男君が加えられています。他の例でも奇岩・奇山といったモチーフは少なく、比較的温和な景観が一般的です。一一世紀の「浅草寺経」の「薬草喩品」の見返絵は、全面に砂子というか切箔がまぶされていて、図様がよくわかりにくいものの、ここに画面左中程に雨の中の耕作、雨中耕作というのが表されています（図33）。山林というよりは丘みたいなやわらかい表現です。それから、これは香川県美術館所蔵で、もと松平家に伝来した法華経の一つで、「薬草喩品」を含んでいる図柄ですが、右側下辺にに雨中耕作図というのが表されています。

こうした傾向は、草木成仏という思想の基軸と関連するのでしょうか。ここには浄土と現世、あるいは仏界と俗界

図32　仏功徳蒔絵経箱　藤田美術館
京都国立博物館編『王朝の仏画と儀礼』（至文堂、2000年）

図33　法華経巻第三　薬草喩品見返絵　浅草寺
奈良国立博物館編『法華経―写経と荘厳―』（東京美術、1988年）

という厳しい対立軸がありません。現世的空間の一切がそのままで成仏することができる、あるいは本来成仏しているという思想なので、現世と浄土を媒介するはずの奇勝性を帯びた山林表象は不要ということになります。こうした解釈が妥当かどうか、今後検討する必要があります。

もう一つ興味深い作例があります。一二世紀後半の「中尊寺金字経」見返絵です。その『大般涅槃経』――これは大乗の『大般涅槃経』ですが――巻一と巻四、それから『大集経日蔵経』などに同じ絵師が山水を描いています（図34～36）。これらは、五代時代の有名な作品である王処直の壁画と同じ作風を示しているという点で、新たな中国絵画様式の先取りと捉えられる作品です。見返絵のほとんどが山岳に覆われ、『涅槃経』の巻四でこそ山中に僧侶がいるものの、他は明確な仏教的モチーフがありません。これはこの経意絵を付けられたのが、たまたま『大般涅槃経』だったのか、そういう必然性があったのかという判断を迫られますが、やはり『涅槃経』の「一切衆生、悉有仏性」の思想があったので、こうした山林表象が引き寄せられた、とみたいのです。山林の草木までが成仏できるという「草木国土、悉皆成仏」の考え方が、天台本覚論を支えるとして成長していたために、天台宗の中尊寺経にこうした形で反映したと考えます。

最初に示した仏教の範疇論、つまり器世間と衆生世間の二分法で言えば、日本中世の草木成仏思想は、器世間が衆生世間に格上げされるという考え方だと思います。「薬草喩品」にみる奇勝性をもたない山水表象や、「中尊寺金字経」にみるほとんど山水中心の見返絵は、そうした傾向のあらわれとみるのはいかがでしょうか。さらに敷衍すれば、木とか石からなる仏の像が生身仏像に転化するという認識が隆盛する現象や、現世の社寺の領域がそのまま社壇浄土化する、という現象の思想的基盤と同調するのが、この器世間の格上げという考え方であろうと思っております。

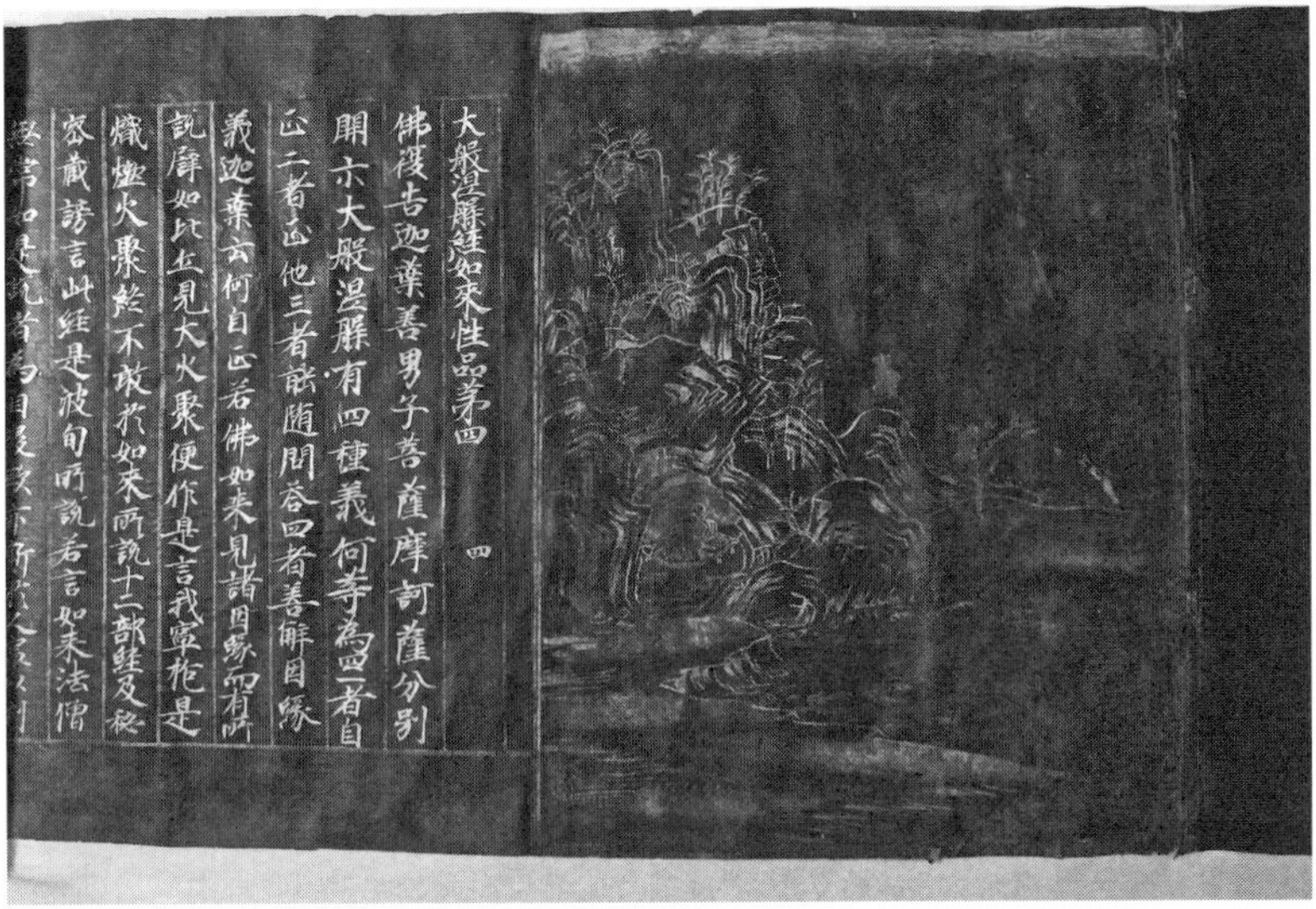

図34　中尊寺金字経　大般涅槃経巻第四　見返絵
『日本美術全集５　平安時代２　王朝絵巻と貴族のいとなみ』（小学館、2014年）

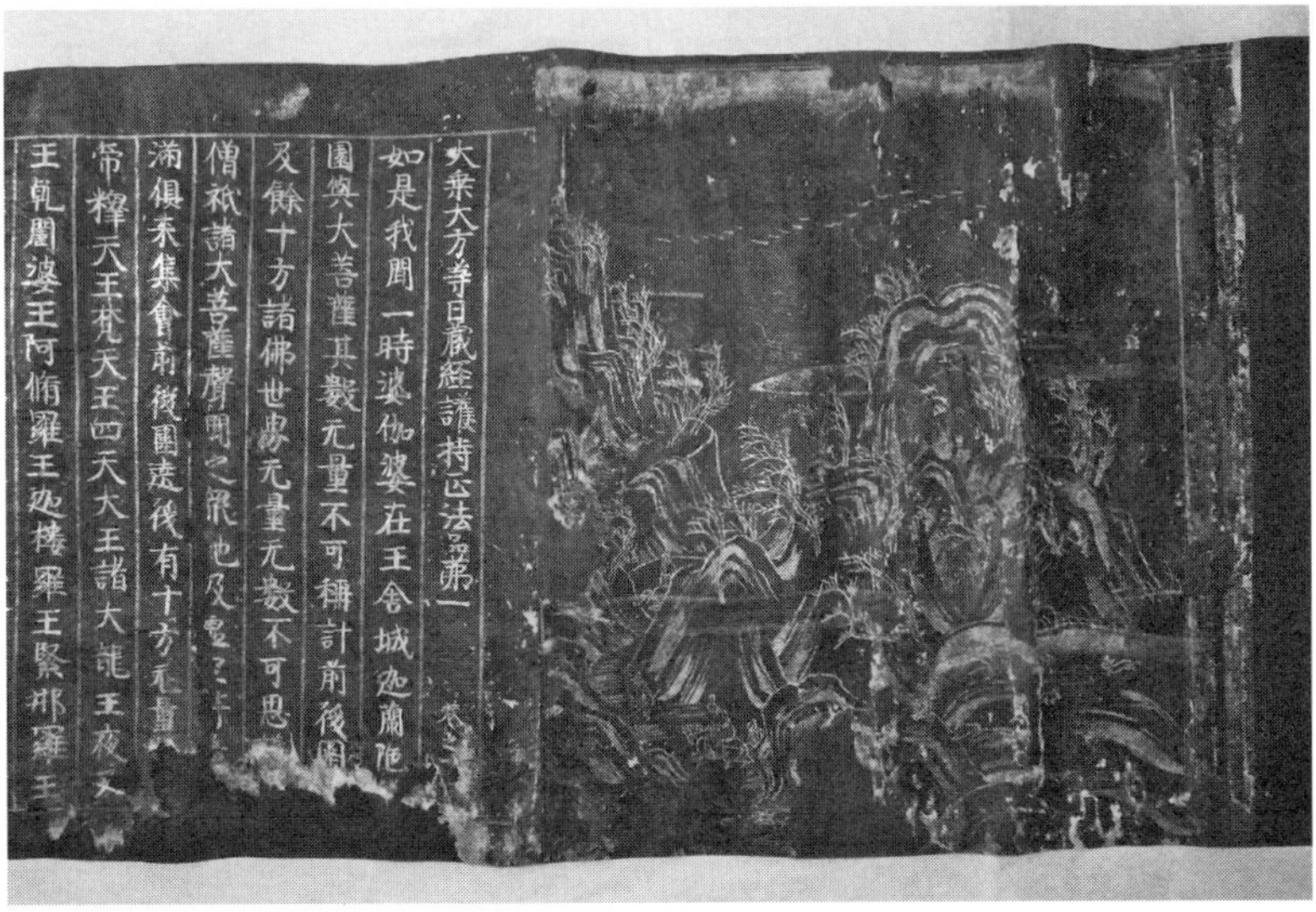

図35　中尊寺金字経　日蔵経巻第一　見返絵
『佛教藝術』329号（2013年）
泉武夫「中尊寺蔵金字経見返絵の絵師分担について」挿図より

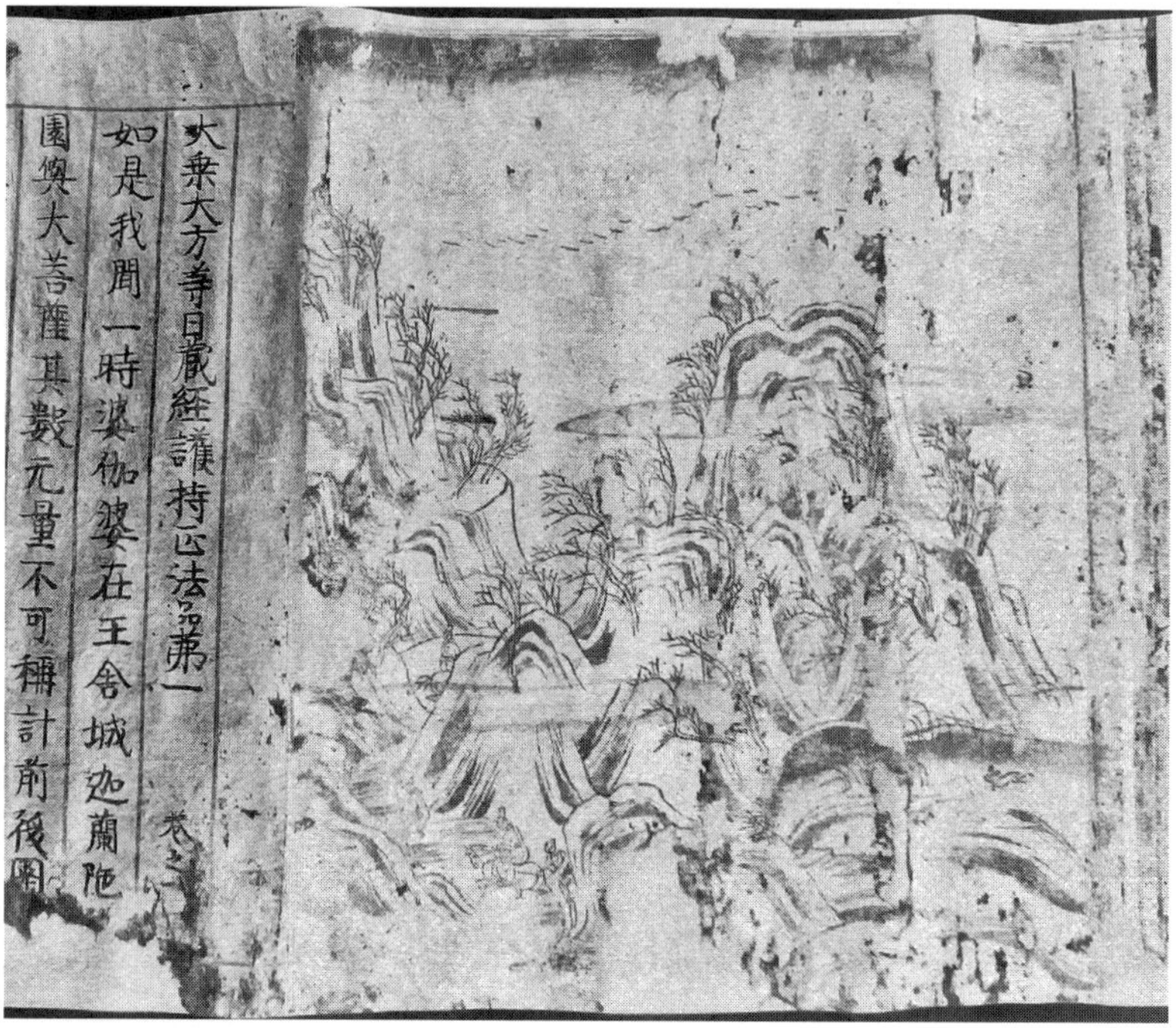

図36　中尊寺金字経　日蔵経巻第一　見返絵　モノクロ反転
『佛教藝術』329号（2013年）
泉武夫「中尊寺蔵金字経見返絵の絵師分担について」挿図より

おわりに――山林は寺社の荘厳

最後に、中世における山林表象の位置づけについて、寺院空間論の立場からの考察材料を付け加えておきます。瀬田勝哉氏によると、院政期から中世にかけて、寺院側が山林を仏教荘厳と捉える視座が成立すると指摘されています。例えば、備前金山寺が仁安三年（一一六八）に備前国留守所に訴えた文書には、「院内の樹木はひとえに仏陀の荘厳で、神明の厳飾の料なり」とあります（『平安遺文』）。備前の弘法寺では寛元二年（一二四四）の禁制の状に「寺院の飾りは山木あるを以て宗となす」とあります。また、原典には辿り着けていませんが、播磨の太山寺では「山林竹木は仏神の荘厳なり」とあるほか、この種の言説が多くなされます。

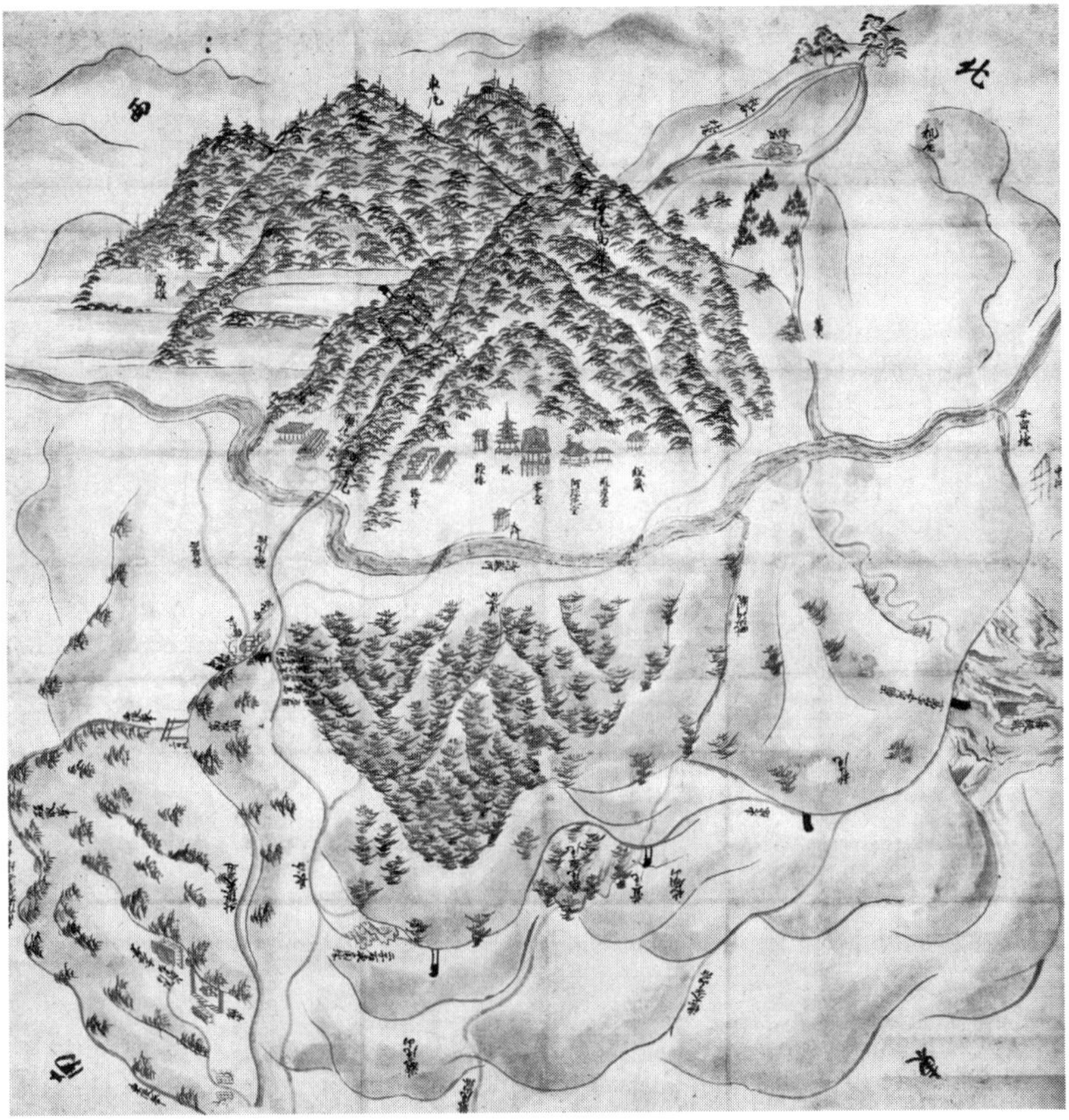

図37　高山寺絵図　神護寺　特別展目録『聖と隠者』（奈良国立博物館、1999年）

もちろん、これらは寺域確保のための方便でもあるわけですが、仏神の荘厳という概念で捉えるようになったことは、山林表象が仏教荘厳として定着したとみなされるでしょう。初期寺院である法隆寺五重塔塔本では堂塔の内部に山林表象を確保し、金堂安置仏では台座にそれを表出していたのですが、中世寺院では堂塔の外側、境内の周縁に実際の山林を以て、寺院空間を荘厳化したともみてとれます。山林表象による仏教荘厳の必然性が、レトリックとプラグマティズム両面から主張されていると考えられます。

鎌倉時代の「高山寺絵図」は、この表象例として挙げられますが、伽藍、その周りに仏神の荘厳としての山林表象があるという構図になります（図37）。明恵上人もまた、例えば「樹上坐禅像」（高山寺蔵）において、堂塔の中ではなく周縁の山林表象に包まれていて、こうした姿を表すとみなすのはいかがでしょうか（図38）。

私が前の職場にいた時、藤沢令夫先生というギリシャ哲学の先生が館長をされていたことがあります。藤沢先生は古代ギリシャ語では「装飾」は「コスモス」であると同時に、宇宙を意味する言葉でもあったと言われていました。宇宙は神の世界の装飾であるという考え方だそうです。装飾の意義の重要性を訴えたい時に、いつも心に浮かぶ台詞です。本発表はいくらかでもその意図に沿っていることを望んで終わりといたします。

図38　明恵上人樹上坐禅像　高山寺
特別展目録『聖と隠者』（奈良国立博物館、1999年）

■特集　〈シンポジウム〉装飾の地層

荘厳と機能の相関
――天井の意味を考える

窪寺　茂

1　はじめに――空間を特化する手法をめぐって

いままで私は、文化財建造物修理技術者の立場から国宝や重要文化財建造物の保存修理に携わり、並行して建築の装飾や彩色などについて研究を続けてきました。建築の全体的な姿や細部がどのような技術により形成されてきたのかといった点や、それらの意味などに注目してきたのですが、本日は、「空間」と「装飾」という本シンポジウムでのキーワードをふまえ、天井の「荘厳」について考えてみたいと思います。

小学館の『日本国語大辞典』（第二版）によると、「荘厳」は「仏像や仏堂を美しくおごそかに飾りつけること」などとあり、また「装飾」は「美しく見えるようにさまざまな加工を加えること。飾り整えること。また、その飾りつけたもの」と記されています。

いずれにしても、さまざまな事物や現象など、外的要素から受けた知覚や思考、印象、あるいは情報によるイメージを、彫刻や絵画などといった視覚的手法によって表現されたもの、それが荘厳であり装飾であると個人的に定義しています。

また、建築における「荘厳」や「装飾」は、単に建物を飾るだけではなく、建築そのものや室内の空間などを特化させる機能も持っていると考えています。

では、仏堂建築などにおける「荘厳」は、どのような方法によって実現されてきたのでしょうか。これを為すためのさまざまな手法が古代から存在しました。この手法を私は大きく「構造的手法」と「装飾手法」とに分けて考えています。ここで、建築空間を特化する具体的な手法を私なりに七つ挙げてみたいと思います。

まず、一つ目は架構による明示です。これは文字通り、「構造的手法」に基づくもので、斗栱を用いることもこの手法に該当していると考えています。二つ目は天井により明示する方法で、この点については後ほど詳しく見てゆきます。それから三つ目は床高を変えることによる明示。室内で床高を高めた「上段の間」は、まさに室空間の中で他所とは意味合いの違う領域として認識されます（図1）。

四つ目は間仕切り装置による明示です。例えば、中世仏堂には外陣と内陣という機能が異なる室空間がありますが、一室を壁や建具などの間仕切りで分けることにより室空間の機能差を具体的に表していると私は理解しています。例えば形式の異なる建具を入れることにより、場の持つ意味合いの違いを表現する場合もあります（図2）。

五つ目は建築形式を変えることによる明示です。わかりやすい事例として、「東照宮本殿、石の間及び拝殿」や「大崎八幡宮」のような複合社殿（権現造）が挙げられるでしょう。これら権現造の建築は、本殿と拝殿、これらをつなぐ幣殿あるいは石の間という三つの異なる建築形式が連結している建築ですが、個々の建築形式を変えることにより、各々が個別の空間特性を持つものであるということを表しています。また、法隆寺の伽藍に見られるような、建物ごとに建築形式や屋根の形を変えるという方法もここに含まれるでしょう。

それから六つ目が、本日のテーマともかかわる装飾手法による明示です。この手法が一番イメージしやすいのでは

図１　京都・二条城二の丸御殿　黒書院（図版出典は末尾に記載）

図２　岡山・本蓮寺本堂　内外陣境

ないかと思います。建築の場合、彩色や漆塗、木彫（彫刻）、飾金具などで荘厳する際に、色や形、あるいは植物文などの図像で、とある意味世界を表象する。

最後の七つ目ですが、須弥壇の構えや仏壇構え、座敷飾り、来迎壁、厨子や宮殿といった諸々の設えがあります。これらの装置はいずれも尊像などが安置されるための特別な設備で、これらの箇所に表現されている装飾的要素は、「荘厳」以外の何物でもないといえるでしょう。

このように、建築空間を特化したり際立たせたりするためのさまざまな手法が存在するわけですが、本日は寺社建築の中で私がこれまでもっとも関心を持ってきた天井とその荘厳に焦点を当て、天井に描かれてきた図様の歴史的な変化の様相を概観し、天井が持つ意味の変化、これは近世期に顕在化したものと考えていますが、この点について私論を述べたいと思います。

2　天井の荘厳とその実例

天井にはいくつかの形式があります。これは「化粧屋根裏」というもので（図3）、軒や小屋を構成する構造をそのまま見せるものです。つぎに「格天井」です（図4）。この写真では天蓋が吊り下げられている一郭が一段高くなっています。この部分を「折上格天井」と呼びます。天井全体を折上格天井としているものもあります。

また、「組入天井」や「小組格天井」というものがあります（図5・6）。双方は写真で見ると良く似ていますが、じつはかなりの違いがあります。前者は天井の骨となる主材を、梁や桁の上に断面規模が大きい角材で井桁状に組んだもので、構造的な役割を持っています。後者は構成部材すべてが造作材によるもので、構造的な役割はありません。

これは「折上組入天井」といいます（図7）。さきほどの折上格天井の時にもいいましたが、「折上天井」は一段高

図３　化粧屋根裏（奈良・円成寺本堂）　中央は小組格天井

図４　格天井（神奈川・建長寺仏殿）　中央は折上格天井

図５　組入天井（奈良・東大寺大仏殿）

図６　小組格天井（奈良・元興寺本堂）

図７　折上組入天井（奈良・唐招提寺金堂）

めた形式による天井の総称でして、折上げて組入天井を設けた天井、それを折上組入天井と呼称しています。板のみを用いた「鏡天井」というものがあり、禅宗様建築で数多く用いられています（図8）。それから、一般の住宅などで多く見られる、棹縁という部材を一方向に流した「棹縁天井」というものがあります（図9）。ほかにも舟底をひっくり返したような形態を持つ「舟底天井」という立体的な天井があります（図10）。

　また、天井を考えるうえで重要なものに「天蓋」と「承塵」があります。承塵というのはあまり聞き慣れない用語かもしれません。これは法隆寺伝法堂の内部です（図11）。安置された尊像の上方に架かっている装置を伝法堂では「承塵」と呼んでいます。「延喜式　巻第七　神祇七」の「践祚大嘗祭」の項に、「檜の竿を以て天井となし、席を承塵となし、壁蔀には草を以てし、表・裏は席を以てせよ[1]」という記述がありますが、古代にはすでに日本で用いられていた用語であることがわかります。

図８　**鏡天井**（岐阜・永保寺開山堂）　周囲は化粧屋根裏

図９　**棹縁天井**（熊本・青井阿蘇神社拝殿）

図10　舟底天井（京都・往生極楽院阿弥陀堂）

図11　承塵（奈良・法隆寺東院伝法堂）

では、古代から近世までを対象に、天井を構成する個別の要素がどのように荘厳されているのか、写真を用いながら特徴的な実例をみていきましょう。

2−1　飛鳥・奈良時代――唐様式の反映

これは「法隆寺金堂」（生駒郡斑鳩町・飛鳥時代）です（図12・13）。注目していただきたいのは、堂内中央の空間、すなわち本尊をはじめとする尊像が安置されている空間です（図14）。天井の形式は折上組入天井となっています。この天井に彩色が施されていますが、その文様は支輪板が宝相華立花文、天井格間は一マスごとに蓮華文が描かれています。各尊像は須弥壇上に安置されていますが、須弥壇領域から外れる位置の天井は、折上組入天井よりワンランク低い形式といえる組入天井になっています。この天井の格間にも蓮華文がやはり一マスごとに描かれています。一方、天蓋はどうであるかというと、折上組入天井形式の形態となっており、もっとも上等な表現になっています。この天蓋を飾る装飾については、先ほど泉先生も触れておられました。この写真（図15）は西の間の天蓋ですが、四周の側板内側には山岳文（図16）が、その上部の支輪板には蓮華立花文が描かれています（図17）。また、天井の格間は一マスごとに蓮華文が描かれています（図18）。天蓋の四周には瓔珞が下がっていますが、この瓔珞に重要な意味がある。先ほど泉先生もおっしゃっておりましたとおり、明らかに仏国土を表象するものと考えられるわけです。

東院伽藍にある「法隆寺東院伝法堂」（生駒郡斑鳩町・奈良時代）の内部です（図11）。もと橘夫人の旧宅だったものを仏堂に転用したと伝えられる建物です。伝法堂には三基の承塵がありますが、これは中央天蓋の天井板の彩色で（図19）、宝相華文が描かれています。この宝相華文は格間四マスにわたって描かれ、一つの文様として完結しています。このように四面で完結している花文を「四面一花文」といいます。先にみた法隆寺金堂の天井絵の場合は「一面一花文」でしたね。

図12　法隆寺金堂

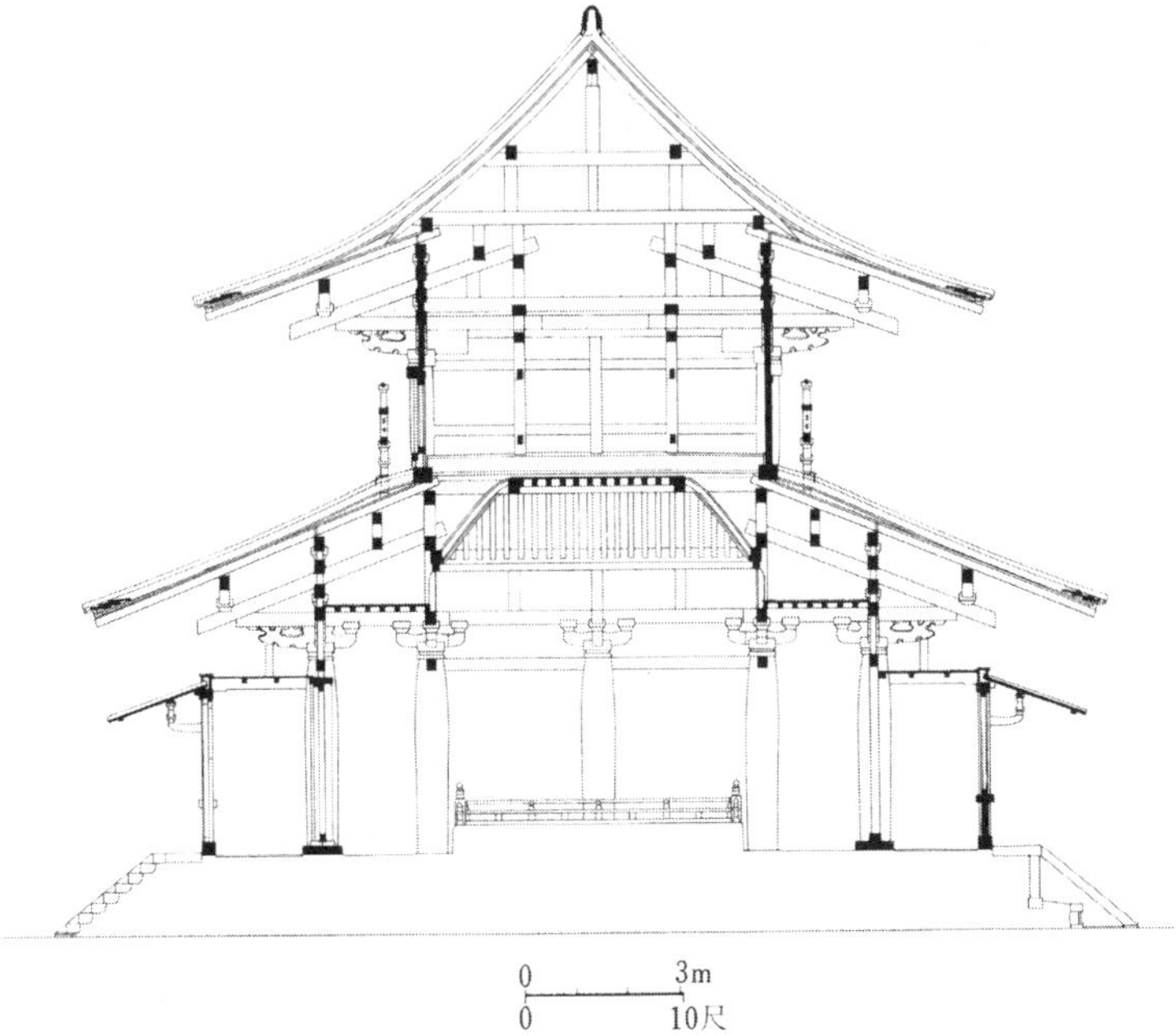

図13　法隆寺金堂　梁間断面図

図14　法隆寺金堂　内部

図15　法隆寺金堂　西の間天蓋　全景

図16　法隆寺金堂　西の間天蓋 側板彩画（山岳文）

図17　法隆寺金堂　西の間天蓋 支輪板彩色（蓮華立花文）

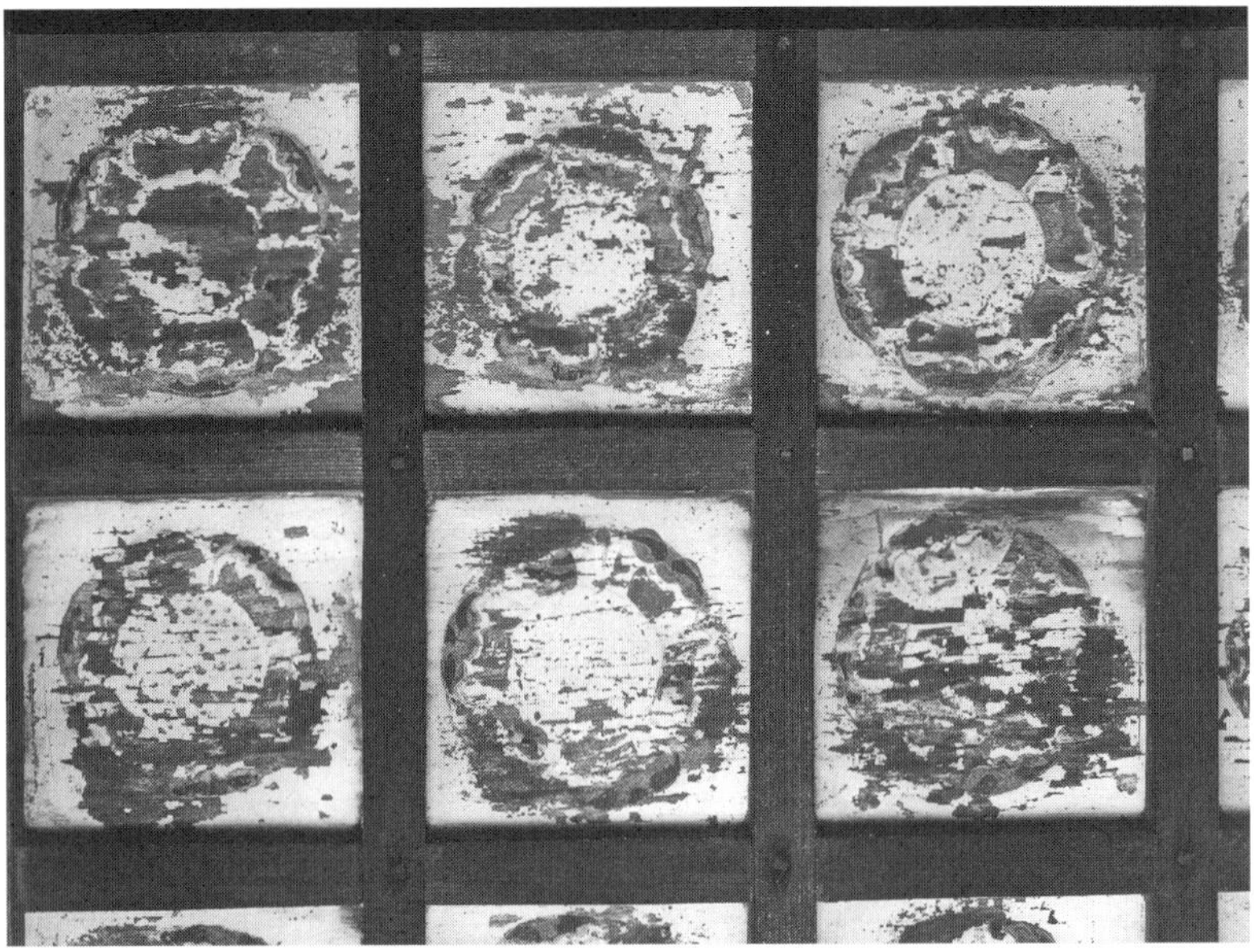

図18　法隆寺金堂　西の間天蓋　天井格間彩色（蓮華文）

図19　法隆寺伝法堂　中央承塵天井彩色（宝相華文）

「薬師寺東塔」（奈良市・七三〇年）の初重内部です（図20）。この内部の天井板以外の箇所は「丹土」と呼ばれる赤い顔料で塗られております。この顔料は赤鉄鉱を粉砕し精製して作られる顔料で、一八世紀ごろまでの建築に塗られている赤色顔料は、ほぼこの丹土を使用しています。一八世紀以降になると、赤色顔料は「弁柄」が普及するようになります。丹土が天然顔料として分類されるのに対して、弁柄は人工顔料です。この違いに注意してください。ともあれ、薬師寺東塔の支輪板には宝相華立花文が（図21）、天井板には四面一花文の宝相華文が描かれています（図22）。

「東大寺法華堂」（奈良市・正堂：七四七年、礼堂：一一九九年）の正堂天井を見上げたものです（図23）。法華堂は現在修理工事中ですが、この正堂中心部（母屋）の天井形式は折上組入天井です。天井板以外の塗装は薬師寺東塔と同じく、赤色顔料で塗られていますが、おそらく丹土が用いられていると思われます。これまでこの組入天井板には彩色が施されていないといわれてきました。修理工事中に私は正堂内部を拝見する機会があり、その際、望遠鏡を使って丹念に観察しましたが、やはり彩色は確認されませんでした。彩色により荘厳されているのは、蓮華を形象した天蓋だけでした（図24）。

「唐招提寺金堂」（奈良市・八世紀後半）です（図25）。須弥壇上の空間は最上級の折上組入天井となっており、法隆寺金堂や薬師寺東塔と同様に、組入天井の天井板に比較的蓮華文に近い宝相華文を四面一花文として描いています（図26）。支輪板には宝相華立花文と菩薩像が描かれています（図27）。奈良時代も八世紀後半になると、天井廻りだけではなく、組物から上部が極彩色で描かれるようになり、図様も豊富になってきます。ちなみに、大虹梁には飛天や蓮台に座した菩薩のほか、帛帯文などが描かれていることが、修理工事中の丹念な彩色調査によって判明しています。

奈良時代の事例として最後のものとなります。「栄山寺八角堂」（五條市・七五七―六四年）の天井です（図28）。この天井は「天蓋風の格天井」と通称されていますが、本体とは別構造であり、柱上方の楣に掛かっているものですので、

図20　薬師寺東塔　初重内部

図21　薬師寺東塔　天井支輪板彩色（宝相華立花文）

図22　薬師寺東塔　天井格間彩色（宝相華文）

図23　東大寺法華堂　正堂天井見上げ

図24　東大寺法華堂　正堂天蓋

図25　唐招提寺金堂　内部

図26　唐招提寺金堂　内部天井板彩色（宝相華文）

図27　唐招提寺金堂　内部支輪板彩色

図28　栄山寺八角堂　内部見上げ

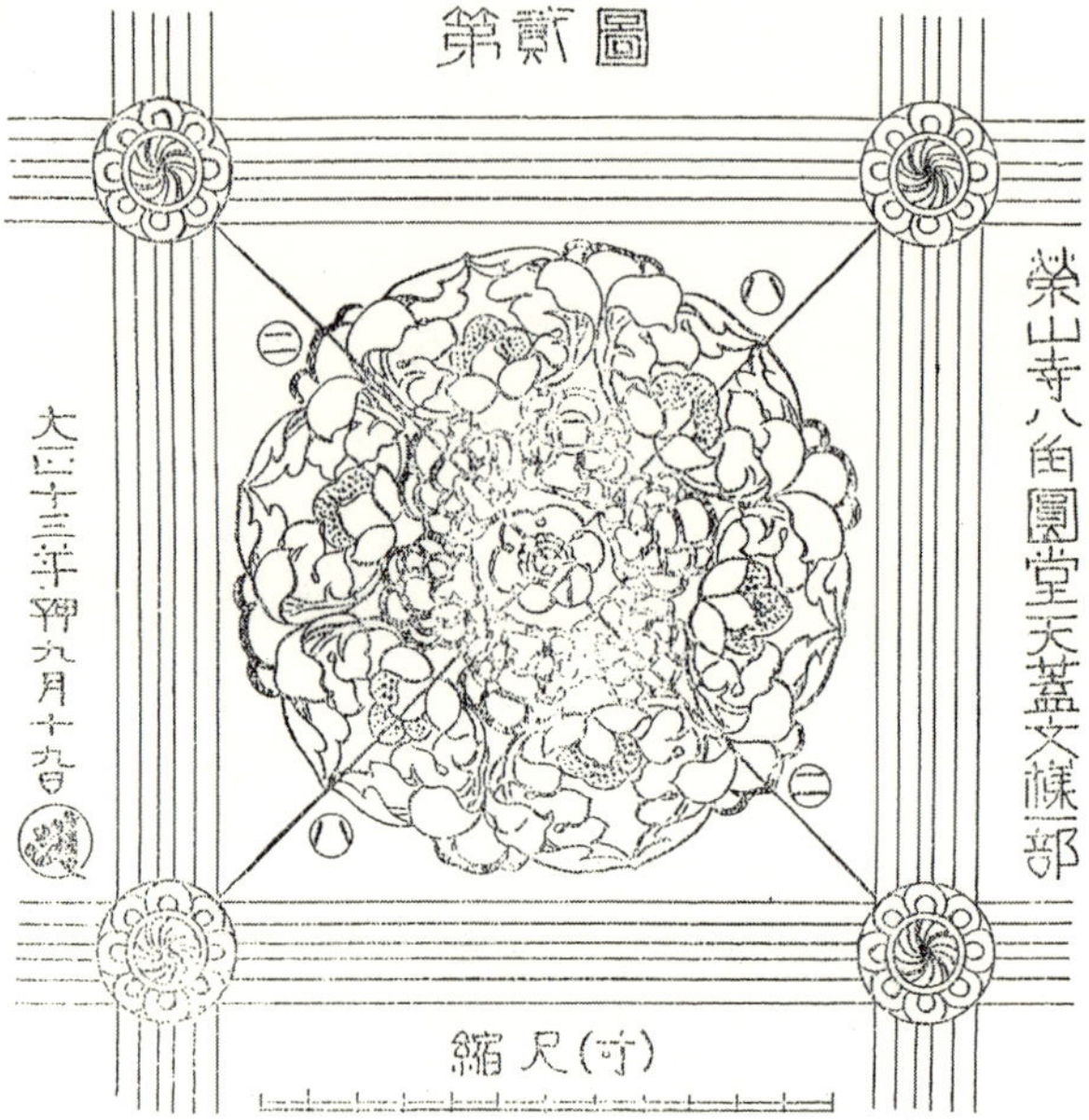

図29　栄山寺八角堂　天井格間彩色文様（作図：天沼俊一氏）

私は承塵と呼んでもいいのではないかと思っています。実は私はこの建築を拝見していません。天沼俊一先生の論文「栄山寺八角円堂の意匠及び装飾」(2)に掲載されています図を見ると(図29)、格間には一面一花の宝相華文様が描かれているといえます。

2-2　平安時代──色濃い信仰性

これは「平等院鳳凰堂中堂」（宇治市・一〇五三年）です(図30・31)。中央に奉られた阿弥陀仏の上方に、円形と方形による二重の天蓋が設けられています。天井は折上組入天井で、支輪板にはとても華麗な宝相華立花文が描かれており、天井板にも宝相華文が描かれています(図32)。この建物でとくに注目すべきものは異例の漆芸技法が用いられている方形天蓋です(図33)。格縁と支輪垂木などに宝相華文を螺鈿で表現していますが、この「地」の部分の塗装が他に類を見ない仕様となっています。すなわち、「地粉」や「砥粉」を下地材料とした漆塗の下地材料に、

図30　平等院鳳凰堂中堂　天蓋見上げ

赤色顔料を加えたものを全面に塗って仕上げています。黒漆や赤漆などの上塗漆をあえて塗っていません。平安時代漆芸技法の研究者である中里壽克さんらは、この異例の塗装は唐木のひとつである「紫檀」を表現しているものと指摘されているのですが、私もそのように考えています。今回の保存修理に伴う調査により、より問題がはっきりすると思います。いずれにしましても、他に類を見ない荘厳意匠による方形天蓋です。

これは日本でも珍しい建築のひとつ、「往生極楽院阿弥陀堂」（三千院本堂・京都市・一一四八年）で、文字通りの阿弥陀堂建築です（図34）。中心部の天井が舟底天井になっていますが、ここにかなりの彩色が残っています（図10）。

図31　平等院鳳凰堂中堂　母屋天井見上げ

蝋燭の煤などの影響で画面はほとんどが黒くなっているので、彩色があることに気づきにくいのですが、きわめて重要なものです。馬場良治さんという建築彩色の模写復元を専門とされている方が、これを現地で泊まり込みをしながら丹念に復元模写をしました。これまでも知られていた「阿弥陀聖衆来迎図」や「蓮華座菩薩」などの仏画の様相が明白なものとなりました。彩画の図像と着彩内容といった細部が全体に亘り把握されました。それを三千院は実物大模型として宝物館のなかに復元しています（図35）。図像、配色が把握できない箇所は、復元に当たり空白のままにしていますので、私としては信頼性の高い復元であると考えています。この実物大復元により、想定もし

図32　平等院鳳凰堂中堂　母屋天井詳細

なかったような阿弥陀堂内の本来的な発色や様相が理解できるようになったのです。

2–3　鎌倉時代――深厚する荘厳

「大報恩寺本堂」（京都市・一二二七年）、別名千本釈迦堂です（図36）。彩色で荘厳されている部分は内陣の中央部、四天柱で囲まれた範囲に限定されています。この部分の天井は折上小組格天井で、小組天井板は一マスの中央に、モチーフは判然としませんが、何らかの花文が描かれています（図37）。剥落が進んでいるため詳細は分かりません。折り上げ部分の支輪裏板にはこれまでの建築で見てきた宝相華文とは様相が大幅に異なる立花文風の花文が描かれています（図38）。右端の板は前

図33　平等院鳳凰堂中堂　天蓋内部

回修理の際の取り替え材に彩色したものですが、そのほかの箇所に旧来のものが残っています。

このうち良く分からないのが、この写真の中央付近三枚の様相です。右端の復元された彩色とほぼ同様の図像のようですが、茎と葉のみはっきり見えます。彩色の「地」に当たる部分が木地の状態となっています。地色が塗られていたのかどうか分かりません。この建物の支輪板は様相が異なるものが何種類かあり、複数の時代の板が混在しているようです。

いずれにしても、支輪板の彩色は宝相華文とは異なる図柄に依っています。同様の図柄に近いものとして、平安後期建立と考えられている浄瑠璃寺三重塔（京都府木津川市）の内部支輪板彩

図34　往生極楽院阿弥陀堂　内部

図35　往生極楽院阿弥陀堂　復元彩色

図36　大報恩寺本堂　内陣

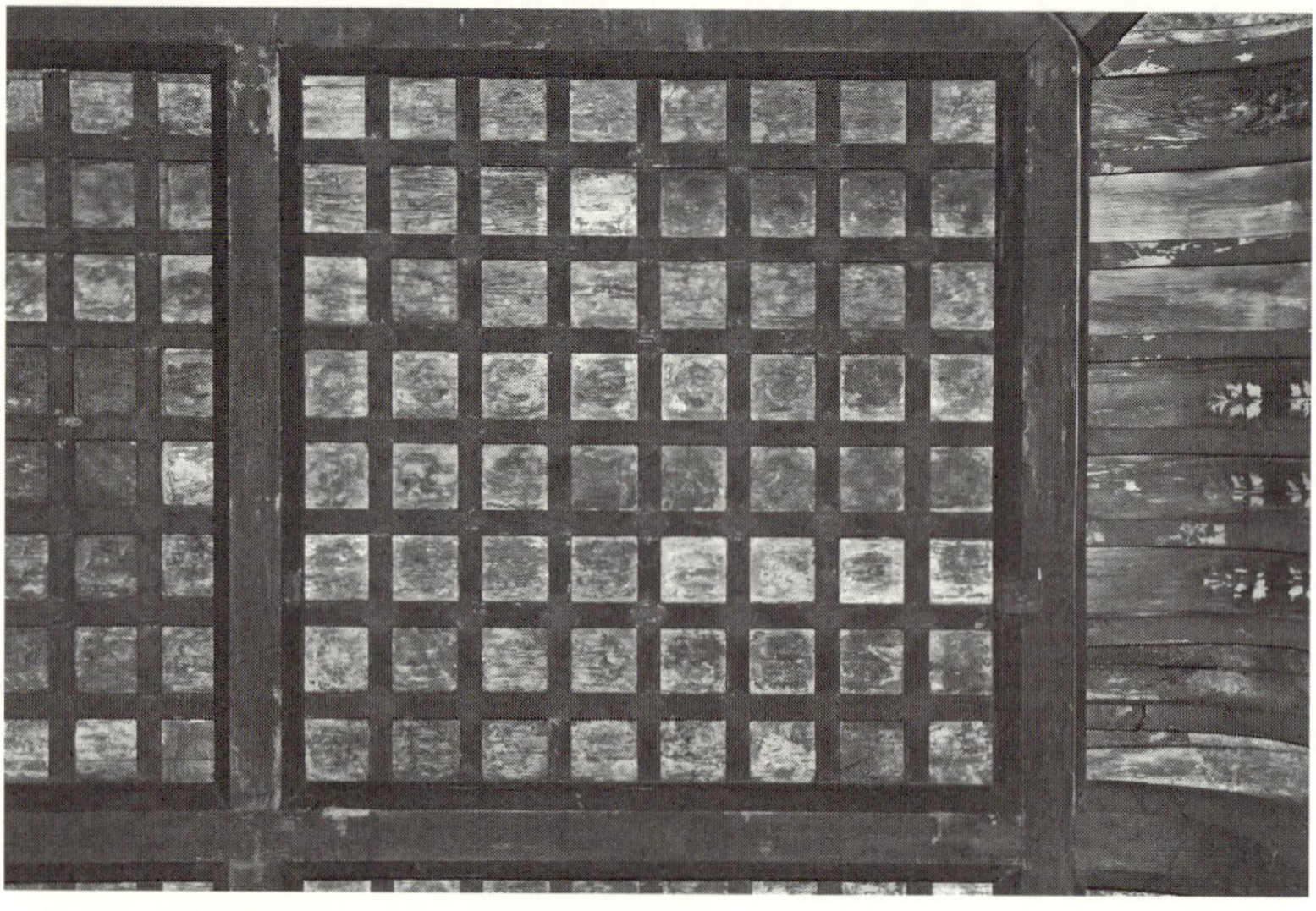

図37　大報恩寺本堂　折上小組格天井詳細

図38　大報恩寺本堂　天井支輪板彩色

色（図39）や、貞応二年（一二二三）に建立された金剛三昧院多宝塔（和歌山県高野町）の内部支輪板彩色（図40）、また、鎌倉後期建立と考えられている西明寺三重塔（滋賀県甲良町）の内部支輪板彩色（図41）などがあります。いずれも宝相華文を踏まえていない、あえていうと自然界に実在している草花を形象した図柄、私はいずれも菊立花文ではないかと思っているのですが、前代にはほとんど見られない植物文、それも実在する草花をモチーフとした彩色が天井廻りに描かれている点に注目したいと思います。

「元興寺極楽坊本堂」（奈良市・一二四四年）です（図42）。建物は内外部とも、丹土塗によって赤色に塗られていますが、現在はこの様相が不鮮明となっています。内陣は床が周囲より一段高くなっていて、黒漆塗による見事な須弥壇と厨子とにより荘厳されています（図43）。天井は鏡天井様のもので、天井板は部材が新しく、白木のように見えています。創建当初に彩色など何かしらの意匠があったのかまでは分かりません。内陣周囲の天井は小組

図39　浄瑠璃寺三重塔　天井支輪板彩色

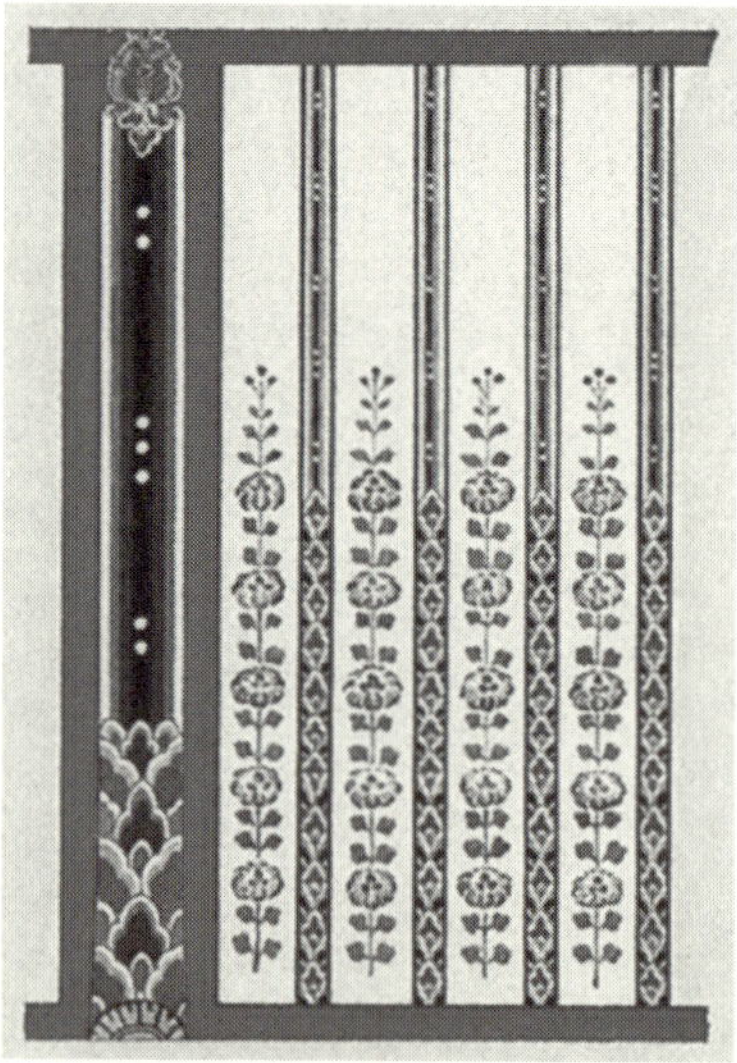

図41　西明寺三重塔
天井支輪板　復元彩色

図40　金剛三昧院多宝塔
天井支輪板　復元彩色

図42　元興寺本堂　内部

図43　元興寺本堂　須弥壇・厨子

図44　功山寺仏殿　内部正面

図45　功山寺仏殿　内部見上げ

格天井で、彩色文様は描かれていません。

「功山寺仏殿」(下関市・一三二〇)です(図44)。中央に鏡天井がありますが、ここに描かれている石楠花の絵画は大正から昭和にかけて描かれたものです(図45)。絵は紙本です。天井板自体、大正修理時に取り替えられています。明治三二年の「堂宇建築物御届」にある仏殿略図には「鏡天井　但シ龍ノ古画書人不詳」とあり、大正修理時以前には鏡天井に龍画が描かれていたようです。このことについて、昭和五九年の保存修理を担当した修理技術者の賀古唯義さんに電話で伺ったのですが、鏡天井の建立時の様相については確認できていないということでした。明治三二年の記録にある龍画に関していうと、これは重要なことです。禅院建築の中央鏡天井にはしばしば龍が描かれますが、禅宗が日本に導入された当時の建築は現存していない実情なので、功山寺仏殿の龍画が当初まで遡るかどうか、知りたいと思いました。賀古さんによれば、この件については知るすべがなかったということで、残念でした。

2-4　室町時代——荘厳の転回

「永保寺開山堂」(多治見市・一三二〇年頃か)です(図46・47)。まさに純粋な禅宗様建築の一つといえるものです。この外陣(昭堂)の上部架構と天井は、私がいうところの「構造的手法」により内部空間を特化したものです。この建築の建立年代は、文化庁編集の『国宝・重要文化財建造物目録』では、母屋柱に書かれている墨書に基づき元応二年(一三二〇)としていますが、近年、奈良文化財研究所が行った年輪年代測定により、およそ一三三三年頃に部材が伐採されたものであることが分かりました。この鏡天井には龍画はありませんが、写真で見ると何らかの絵が描かれているかのように見えます。天井板に生じたシミがそう思わせるのかもしれません。現地で彩色の有無を調べまして、白木の建築であろうと判断しました。

図46　永保寺開山堂　外陣内部

図47　永保寺開山堂　外陣見上げ

図48　不動院金堂　内部

図49　不動院金堂　内部見上げ

図50　不動院金堂　天井龍画

図51　不動院金堂　須弥壇上部天井見上げ（部分）

これは「不動院金堂」（広島市・一五四〇年）で、同じく禅宗様仏殿です（図48・49）。天正年間に現在地へ移築されたものです。これも中心部に鏡天井が入っています。ここに、とても分かりづらい絵が描かれています（図50）。この辺りに蛇腹のようなものや火焔が描かれていることにくわえ、ここに目や鼻が、そして蜷局をまいているような絵柄が見えるので、龍画に相違ないと思います。しかし、他で見たことのないようなとても奇妙な龍画です。

それから、一番重要な場となる須弥壇上部の鏡天井にも、何が描かれているのか分かりづらい絵があります（図51）。現地では何が描かれているのか分からなかったのですが、写真を撮影してよく観察すると、ここに異様な表情の顔や鼓が見えました。もしかしたら、風神雷神図ではないかと考えていますが、この顔の表現は異様で、前方の龍画の図像とともに、私にはきわめて異様な絵画に見えます。

最初、この絵は天正年間に移築した際に描かれたのではないかと思っていたのですが、関口欣也先生によると、ここに落款と年代が記されており、オリジナルであるとのことです[3]。しかし、私が撮影した写真をふたたび一生懸命見たのですが、何分写真ですので、写し落としているのだと思います。いずれにしても室町時代の絵画とは思いづらい奇妙な表現ですが、重要な絵画作品であることは確かです。風神雷神図ではないかと思っている絵はとくにそう思います。

2‒5　桃山時代――荘厳の転化、装飾へ

いよいよ近世の事例、「大崎八幡宮」（仙台市・一六〇七年）です（図52・53）。大崎八幡宮は、本殿、石の間、拝殿からなる建築ですが、本殿はさておき、石の間の天井は折上格天井、拝殿は折上小組格天井と小組格天井で構成されています。ここでは石の間の天井に注目したいのですが、金箔地に菊や朝顔、牡丹、立葵など、各種の植物図が彩色さ

図52　大崎八幡宮　石の間天井見上げ

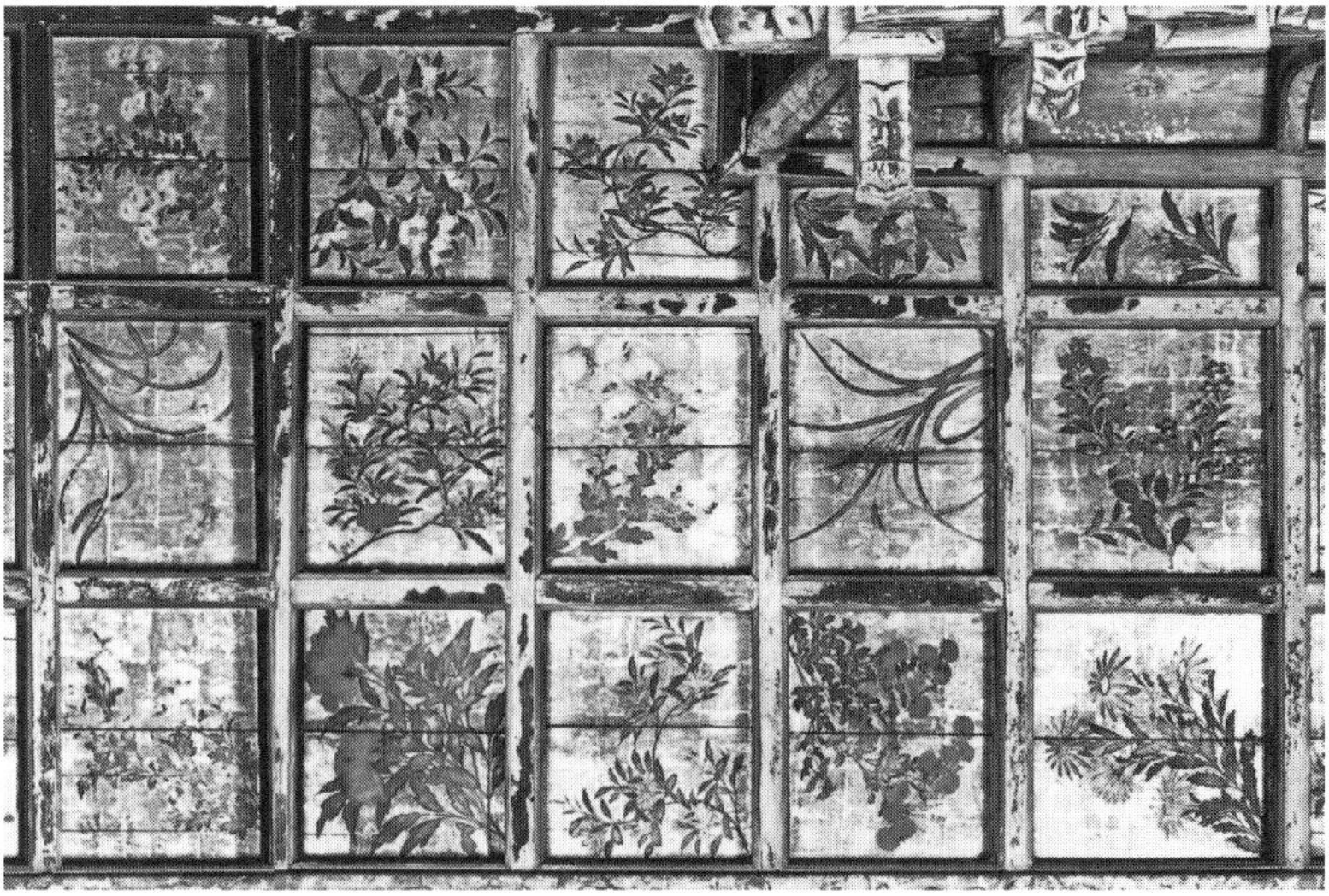

図53　大崎八幡宮　石の間天井絵

れています。いずれの植物図とも表現が写実的なものとなっており、古代を中心として描かれてきた宝相華文や蓮華文、あるいは中世における植物図と様相が大きく異なっています。

このような天井絵を目にすると、天井の飾りを「荘厳」という言葉で説明しづらくなります。宝相華文や蓮華文であれば、天井の荘厳性を仏教教義と関係づけて読み取ることができると思いますが、この石の間の天井絵については別の視点から解釈する必要があるように思います。

植物図ないし花文を用いた同時代の本殿建築というと、天井ではないのですが興味深い建築があります。慶長年間の創建となる「青井阿蘇神社」（熊本県人吉市・一六一〇年）の本殿です。本殿、廊、幣殿、拝殿から構成されている神社建築で（図54）、廊に見られる浮彫の龍彫刻も見ごたえのあるものです（図55）。本殿正面脇間に異例の意匠を持つ蔀戸を設えています（図56）。この蔀戸の六角形の格子、すなわち亀甲形の格子で区画された板面に、さまざまな花文が描かれています（図57）。彩色の剥落が著しいのですが、こ

図54　青井阿蘇神社　社殿全景

図55　青井阿蘇神社　廊の龍彫刻

図56　青井阿蘇神社　本殿正面

図57　青井阿蘇神社　本殿脇間蔀戸詳細

のような建具を私はほかに見たことがありません。建具の形式も異例ですし、他に類を見ない形態による花文彩色で本殿正面を飾っている大変興味深い事例です。

つぎに「東照宮本殿、石の間及び拝殿」です。私が日本で最も重要な建築と考えているものです。この内部の荘厳は仏教に関する題材などで埋められています。これは本殿の外陣ですが、折上格天井の天井板に見事な鳳凰が描かれています（図58・59）。石の間の天井はやはり折上格天井ですが、格子が吹寄せとなっている珍しい形式です（図60）。天井絵は中央に鳳凰図を置き、その周囲に唐花唐草文を配しています。吹き寄せ部分の彩色は唐花文と瑞雲文の構図となっています。これは将軍着座の間ですが、唐木などの象嵌（木画）で壁を荘厳しています（図61）。図案の主題は鳳凰です。将軍が座することを表徴した意匠を採り入れています。この室の天井は二重折上格天井で、各格間の板はレリーフ状になっています（図62）。中央に徳川の家紋を配置し、その四周一列の格間は鳳凰図で、その周囲は鳳凰や兎、蓑亀、さらには異獣など、動植物などが配されています。折り上げ部は菊の立花図を彫り出しています。天井も壁も、用材に紫檀や黒檀、黒柿、あるいは欅を着色したものなどを採用して象嵌しています。これは将軍着座の間の前室の天井です（図63）。天井絵は置き上げ彩色により描かれており、先ほどの象嵌・彫刻によるものよりもグレードを落としています。各格間とも中央に龍図を描き、その周囲は唐花文と瑞雲文を配しています。

「大前神社本殿・幣殿・拝殿」（栃木県真岡市・一六八八）です（図64）。あまり知られていない建築であると思いますが、建築装飾史の視点から見た場合、重要な建築であると考えています。その様相を拝殿と幣殿との天井に限って見てみます。まず拝殿ですが、拝殿の入側とその奥室では、天井絵の意匠方向性に差異を持たせています（図65）。いずれも鏡天井ですが、入側の天井絵は中央間を鯉図（図67）として、その両脇間には四神図、すなわち青竜・玄武・白虎・朱雀の各図を配しています（図66）。入側の奥室は三間に区画されていますが、三間とも墨絵による龍図としてい

図58　東照宮本殿　外陣内部

図59　東照宮本殿　外陣天井

図60　東照宮石の間　天井見上げ

図61　東照宮拝殿　将軍着座の間

図62　東照宮拝殿　将軍着座の間天井見上げ

図63　東照宮拝殿　将軍着座の間前室天井見上げ

図64　大前神社　社殿全景

図65　大前神社　拝殿内部　手前：入側

図66　大前神社　拝殿入側天井見上げ

図67　大前神社　拝殿入側中央間天井　鯉図

ます(図68)。このように拝殿の天井をいずれも鏡天井として、大胆な彩画や墨絵を描いていること自体、大変珍しいのですが、私が驚嘆しているのは幣殿の鏡天井の様相です。幣殿の天井は四つに区画された鏡天井となっており(図69)、ここにこのような立花図が描かれています(図70・71)。このような広い面積に大々的に立花図を描いている建築をほかに見たことがありません。

つぎに、寺院建築を一棟だけ紹介します。「明王院本堂」(滋賀県大津市・一七一五年)です。これは外陣の内部で、天井は正面寄りが化粧屋根裏、内陣寄りが棹縁天井です(図72)。外陣は素木です。内陣は須弥壇上部の一画が格縁天井で、それ以外は棹縁天井です(図73)。内陣の中央部分のみ彩色と漆塗で荘厳しており、天井の格間に植物図を描いています(図74・75)。鉄線、百合、沢瀉、紫陽花、蔦などといったように画題は様々で、一つの格間に異種の植物を組み合わせているものもあります。大崎八幡宮の天井絵もそうでした。近世に入ると格間に多種多様な植物を描くことが普及しますが、大前神社のような大胆な表現はきわ

図68　大前神社　拝殿中央間天井見上げ　龍図

図69　大前神社　幣殿天井見上げ

図70　大前神社　幣殿天井　立花図

図71　大前神社　幣殿天井　立花図

図72　明王院本堂　外陣

図73　明王院本堂　内陣

図74　明王院本堂　内陣格縁天井見上げ

図75　明王院本堂　内陣格間天井絵　植物図

図76　歓喜院聖天堂　全景

めて稀であるといっていいと思います。

事例紹介の最後です。「歓喜院聖天堂」（埼玉県熊谷市・一七六〇年）です（図76）。権現造の形式で、装飾の極みとでもいっていいような建築になっています。まず、歓喜院聖天堂は一般の権現造社殿と異なる室名となっています。「本殿」は「奥殿」と、「幣殿」は「中殿」と、「拝殿」は「拝殿」なのですが、これを「外拝」と「内拝」とに区分して呼んでいます（図77・78）。拝殿の構成は大前神社と類似しています。江戸時代になると庶民信仰が普及し、神社仏閣へ参詣が盛んになります。この反映が礼拝空間である拝殿の平面構成に現れています。大前神社、歓喜院聖天堂はその典型といえます。

では、天井を見てみましょう。まず拝殿外拝ですが全面格縁天井です（図79）。各格間に鶴、馬、雉、猿、狸、ハリネズミといった実在の動物などのほか、いわゆる想像上の動物、異獣などを写実性豊かに描いていますす（図80）。総体として鳥獣百態図とでもいえるで

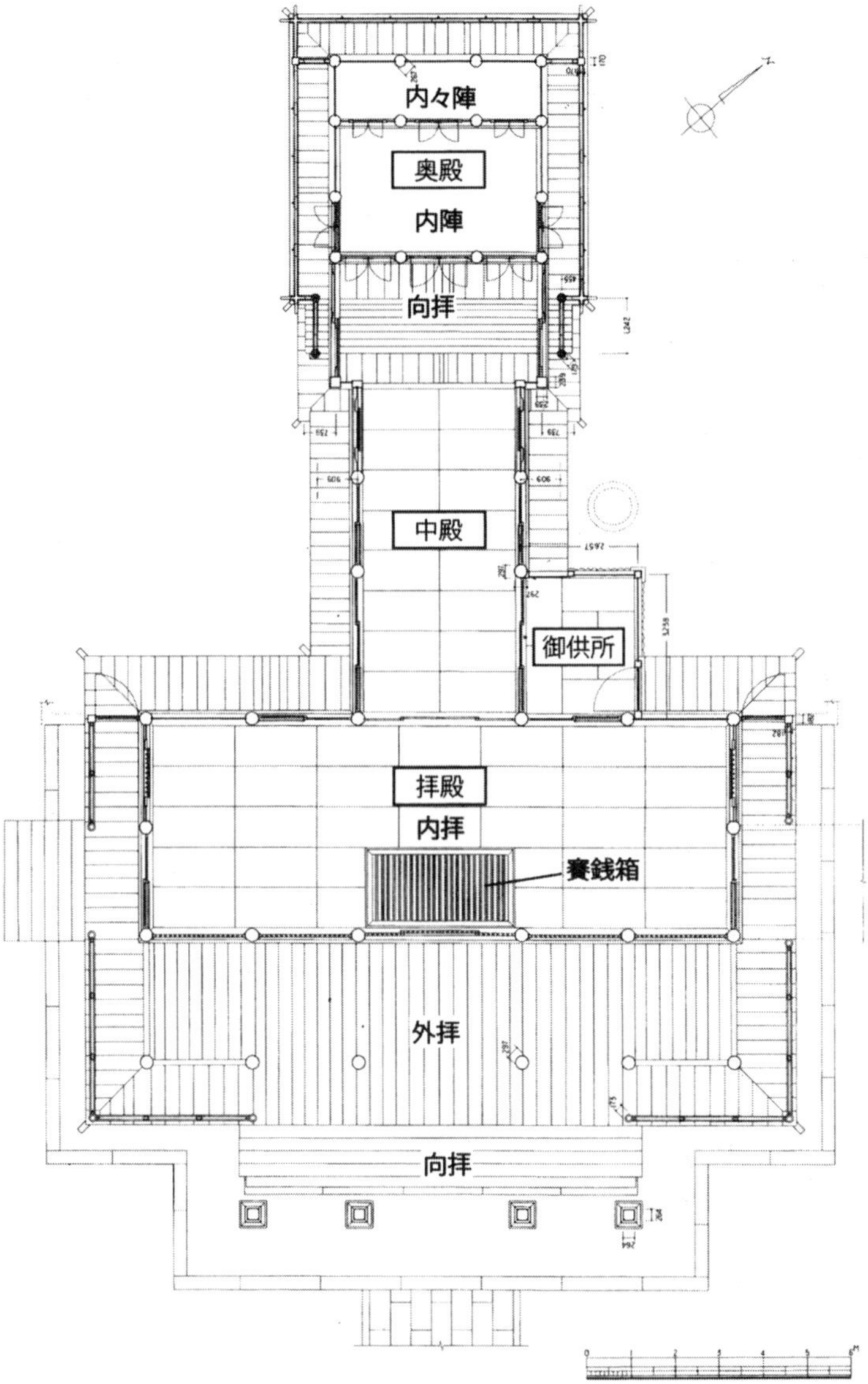

図77　歓喜院聖天堂　平面図

図78　歓喜院聖天堂　拝殿内部

図79　歓喜院聖天堂　拝殿外拝天井見上げ

図80　歓喜院聖天堂　拝殿外拝格間天井絵　鳥獣図

しょう。

これは拝殿内拝の天井を見上げたものです（図81）。拝殿は中央間と両脇間に分かれています。これは中央間の天井で、中央を鏡天井、その周囲を格縁天井としています（図82）。鏡天井の墨絵による雲龍図は、聖天堂建設時の絵師棟梁である狩野英信の筆に依ることが落款から分かります。周囲の格間は墨絵による植物図です。

内拝両脇間は全面格縁天井で、各格間に多種多様の墨絵植物図が描かれています（図83）。ここで注目していただきたいのは、内拝、外拝の各絵に落款があることです（図84）。一枚一枚に落款があることが重要です。落款が記されているということは、天井絵を描くにあたり、絵師がこれを絵画作品として捉えていたということを示しているといえるでしょう。

つぎに中殿の天井で、格縁天井です（図85）。各格間に如意宝珠、打出の小鎚、隠蓑など、縁起の良い吉祥文様、いわゆる宝尽文を描いています。歓喜院聖天堂は近隣などの庶民の寄進を元に建築されています。当時の社会性、

図81　歓喜院聖天堂　拝殿内拝天井見上げ

図82　歓喜院聖天堂　拝殿内拝天井絵　雲龍図

図83　歓喜院聖天堂　拝殿内拝天井絵　植物図

図84　歓喜院聖天堂　拝殿内拝天井絵　朝顔図

図85　歓喜院聖天堂　中殿天井見上げ

図86　歓喜院聖天堂　奥殿天井見上げ

つまり現世利益を願う人々の思いが、中殿の天井絵に集約されているのかもしれません。

最後に奥殿の天井です（図86）。奥殿の天井の様相は拝殿、中殿と大きく異なります。天井の中心位置の格間には星宿である北斗七星を、その他の各間は、吉祥文字の「壽」と「富」を崩し字体で配置しています。この図像を歓喜院聖天堂の建設背景、あるいは所在地などと関連づけると、現世利益、農耕の繁栄などといった庶民の願いを表徴しているといえるでしょう。いずれにしても、奥殿天井の荘厳から、信仰との深い関係を読み取ることができます。

3　天井の荘厳とその社会

天井に描かれた図像を古代から近世まで概観してきました。古代の天井は、仏教世界を直截的に表徴する文様である宝相華と蓮華で専ら荘厳されていました。この様相は中世に引き継がれますが、実在の花文を想定できる図像も次第に現れ、近世に至ると、自然界に実在する動植物が天井に描かれるようになっています。古代と近世とを比較すると、天井における彩色の様相が大きく変わっていることが良く分かると思います。

天井における荘厳内容の大きな変化は画題に限りません。今日は画題を見てきましたが、彩色の表現手法も時代が進むにつれて変化しています。古代から中世にかけて、建築彩色は繧繝彩色という描写手法が専ら用いられています（図87）。繧繝彩色は華麗な印象を私たちに与えます。古色蒼然とした実際の建築からは分かりにくいと思いますが、華麗な繧繝彩色を示す遺構として平等院鳳凰堂中堂が良く知られています。本日紹介しました往生極楽院阿弥陀堂も同様です。

この繧繝彩色の華麗さは、室町時代以降後退していきます。一方、具象的な図像による建築彩色が現れるようになると、写実的な描写が目立つようになります。大前神社や歓喜院聖天堂の天井絵を思い起してください。

図87　繧繝彩色による条帯文様

では、なぜ天井が宝相華文や蓮華文で荘厳されているのでしょうか。この点についてまず述べ、そのあと、今日紹介しました近世の天井の様相がどのようなことを背景として出現したのか、この点について考えてみます。天井における荘厳の様相が機能と連関しているということを示したいと思っています。

まず、仏堂における天井の本質について考えてみます。そこで、本家本元の中国では「天井」を何と呼んでいるのか、この点を確認してみましょう。一一〇〇年に成立した建築書『営造法式』によれば、天井に関しては「平棊」という用語で説明されています。この平棊ですが、古くは「承塵」とも呼ばれています。『延喜式』に「承塵」という用語が記されていることは冒頭で紹介しました。「平棊」は形態からいうと日本でいうところの格縁天井あるいは組入天井に似ていますが、『営造法式』の研究者である竹島卓一氏は、氏の著書『営造法式の研究二』で、この天井形式は日本における「今日の格天井とは結びつかない」と述べています。ちなみに、「古く日本に導入されたと考えられる組入天井のような天井の手法も、法式には全然見られない」とも記しています。例えば、浙江省の「延福寺大殿」（浙江省・一三一七年）にみる天井

図88　中国・延福寺大殿　平棊（中央）

がまさに平棊です（図88）。この平棊は、のちの明清時代には「天花（華）」と名称が変わります。一七三四年に編纂された『工程做法則例』という建築の設計・計画図書がありますが、そこで日本の格縁天井に該当するものを「井口天花」と、組物に重ねて設けられる格縁天井を「藻井天花」と称しています。

また、平棊とは別に「藻井」という天井形式がありますす。これも『営造方式』に出てきますが、平棊とは対照的な立体的な意匠・構造による天井で、「闘八藻井」と「小闘八藻井」の二種類があります。藻井の断面図を見ると、段数の違いや形式の違いで名称が異なります。独楽寺観音閣（河北省・九八四年）（図89）に見られる藻井は斗栱の組入れがない簡易な形態となっています。

では「天花」とは一体何か。先にも触れたとおり一二世紀初頭に「平基」と呼ばれていた用語が「天花」とその後呼ばれるようになっています。そもそもなぜ古代建築の天井に宝相華文や蓮華文が描かれているのか、この点を知りたいと長年思ってきましたので、天花に注目し

図89　中国・独楽寺観音閣　藻井（中央）

たわけです。天花は仏教用語で、一例ですが『法華経』に出てきます。そして、『法華経』すなわち「妙法蓮華経序品第一」に、千二百人の僧と霊鷲山に滞在していた世尊が偉大な説法を終えて瞑想に入ると、すぐさま曼荼羅華、摩訶曼荼羅華、曼殊沙華、摩訶曼殊沙華、いわゆる天上の花の大雨が降り注いできたと書かれています。したがって、先ほど泉先生も紹介された様々な植物文というのは、実は仏国土に存在するものです。寺院荘厳の題材というものは、出てきていないものもいくつかありますが、ほとんど仏教の経典の中に出てきています。

ようするに、天から花の雨が降ってくる。このことを表徴する必要から、天井は美しい花、すなわち蓮華文や宝相華文で飾られるべきものであるということになるわけです。天井の荘厳性は、その本来の用語である「天華」という用語をとおして解釈することができるわけです。

古代の天井廻りに描かれた宝相華立花文や蓮華文は結局、必然の結果であるということが、仏教経典を紐解くと理解されます。その在り方は中世に引き継がれるわけですが、この双方の時代における天井の荘厳は、色濃い信仰性の反映である、そのように位置づけられるのではないかと考えます。

それが近世になると、お見せした写真でご覧いただいたように、様々な題材による絵が描かれるようになります。この時代による差異の大きさは著しいものがあり、さらに絵画表現も近世になると写実性が前面に出てきます。ちなみに、古代・中世と近世の時代差に関して興味を抱いたのは、すでに三〇年ほど前のことです。

近世における天井の荘厳とその特徴は、社会との関連で解釈することが可能です。たとえば、本草書である『本草綱目』は、林羅山が慶長一二年（一六〇七）にこの書を徳川家康に献上したという記録が残っています。この『本草綱目』を参考として、貝原益軒は日本最初の本格的な本草書である『大和本草』を著して、宝永六年（一七〇九）に『大和本草』を刊行します。本草書というのは今でいう博物書のことですが、これが当時大流行する。そうすると、各職の工匠たちはこのような博物書を読んで、自然界に実在する事物に関する情報を得たでしょうし、好奇の目をモノに注いだのではないかと想像されます。ものに対する関心はモノを観察する姿勢を養うことになるでしょう。近世における絵画や彫刻の写実性が向上した背景として、本草書の存在は無視できないのではないかと私は考えています。

江戸時代は様々な出版物が刊行されています。建築の雛形本や絵画でいうと絵本類が数多く出版され、具体的な絵の情報を得ることが容易となる。このようなことにより、絵師や画工のあいだで具象的な絵柄の情報が共有されていったのではないかと考えられます。

たとえば、出版物に掲載された絵画が、そのまま実際の建築に描かれたものがあります。和歌山県紀の川市にある三船神社本殿の南側面全面に描かれた彩画は、橘守國の『絵本写宝袋八』にある「桐に鳳凰の図」をそのまま写しています。また、彫刻作品ですが、歓喜院聖天堂奥殿の縁腰組彫刻には、やはり橘守國の『絵本直指宝 巻之一』にある「唐子遊」の図を反転させた彫刻が見られます。

天井の話に戻します。江戸時代は民衆が台頭した社会です。寺院は民衆に教義を広めるという活発な活動を展開します。庶民信仰が普及し、そして平和な社会のなかで神社仏閣への参詣の旅が盛んとなります。このような時代性のなかで寺社建築の姿は変化を来たしています。そのなかで私が注目してきたのが天井における荘厳の姿でした。

大前神社や歓喜院聖天堂に見られる天井絵は、天井をキャンバスとして描かれたものと考えることができる。先ほども述べましたが、落款を記すということは、絵師がこれを作品と認識している証左であるといえるでしょう。記名作品の誕生で、彫刻や飾金具には寄進者の名前が記録されている場合もあります。このような現象は江戸時代中期以降、顕著になります。

以上のような当時の社会的な背景を理解したうえで、近世における荘厳というものを考える必要があるのではないでしょうか。

最後に中世に現れた龍図について。この図像は中世のみならず近世を通じて普及しています。禅宗寺院をはじめとした寺院や神社建築に龍図は多く見られます。龍は仏教を守護する八部衆の一つである龍神であり、龍神は水を司るものとして知られています。この信仰面の効用を期待して、天井を荘厳する恰好の題材になっているといえるでしょう。

註

（1）虎尾俊哉編著『訳注日本史料　延喜式　上』（集英社、二〇〇〇年）、四一三頁。

（2）天沼俊一「栄山寺八角円堂の意匠及び装飾」『佛教美術　第一冊』（飛鳥園、一九二四年）所収。
（3）鈴木嘉吉編『国宝大事典 五建造物』講談社、一九八五年、二八五頁参照。関口欣也氏の不動院金堂解説に、「金堂は天井絵に天文九年（一五四〇）の年号と「住山前建長心月叟受竺」および「僧永怡筆」の銘があり」と記されている。

掲載図版データ（明記以外の図版はいずれも筆者撮影）

図11『週刊朝日百科 日本の国宝2号』朝日新聞社、一九九七年、4-53頁掲載図（部分）。
図13 日本建築学会編『日本建築史図集　新訂版』彰国社、一九八〇年、一一頁掲載図。
図14 奈良六大寺大観刊行会編『奈良六大寺大観　増補版　第一巻　法隆寺一』岩波書店、二〇〇一年、一五頁掲載図（部分）。
図15 奈良国立博物館・法隆寺・朝日新聞社編集『国宝法隆寺金堂展 目録』朝日新聞社、二〇〇八年、一〇八頁掲載図。
図16 同右、一一二頁掲載図。
図17 同右、一一三頁掲載図。
図18 同右、一一二頁掲載図。
図19 法隆寺国宝保存事業部編『法隆寺国宝保存工事報告書　第八冊　国宝建造物法隆寺東院舎利殿及絵殿並傳法堂修理工事報告』一九四三年、図版第三八四図を転載。
図25 奈良県教育委員会事務局文化財保存事務所編集『国宝唐招提寺金堂修理工事報告書［本編1］』奈良県教育委員会、二〇〇九年、口絵。
図28『週刊朝日百科 日本の国宝10号』朝日新聞社、一九九七年、4-323頁掲載図。

図29　佛教美術社編『佛教美術　第一冊』飛鳥園、一九二四年、一五頁掲載図。
図30　鈴木嘉吉・工藤圭章責任編集『不滅の建築3　平等院鳳凰堂』毎日新聞社、一九八八年、一三頁掲載図。
図31　前掲『不滅の建築3　平等院鳳凰堂』一八頁掲載図。
図32　前掲『不滅の建築3　平等院鳳凰堂』二〇頁掲載図。
図33　前掲『不滅の建築3　平等院鳳凰堂』二六頁掲載図（部分）。
図36　『週刊朝日百科　日本の国宝61号』朝日新聞社、一九九八年、7-23頁掲載図。
図37　撮影・提供　川面美術研究所
図38　撮影・提供　川面美術研究所
図40　国立歴史民俗博物館編集『日本建築の装飾彩色』国立歴史民俗博物館、一九九〇年、一一頁掲載図。
図41　前掲『日本建築の装飾彩色』一三頁掲載図。
図44　文化財建造物保存技術協会編集『国宝　功山寺仏殿修理工事報告書』功山寺、一九八五年、掲載図版一四。
図45　前掲『国宝　功山寺仏殿修理工事報告書』掲載図版一五。
図52　濱田直嗣監修『國宝　大崎八幡宮』大崎八幡宮、二〇〇四年、五七頁掲載図。
図53　前掲『國宝　大崎八幡宮』六〇頁掲載図（部分）。
図77　文化財建造物保存技術協会編集『歓喜院聖天堂保存修理工事報告書　本文編』歓喜院、二〇一一年、一八頁掲載図を一部加筆して転載。

全体討議

■装飾と空間の規模

野村俊一（司会・日本建築史）：本日のシンポジウムのキーワードは、「空間」とそれを構成する「装飾」です。古来、人々が営む場にはさまざまな装飾が施されてきました。建築の柱や梁、天井、壁にとどまらず、家具や道具、仏像や絵画、人々が纏った衣服や装飾品などに至るまで、じつに多くの実例をみることができます。それぞれが固有の社会的・文化的背景をもちつつ、束となってひとつの世界観を演出します。例えば書院造の空間をみると、そこには柱・畳・天井・襖などのほか、障壁画・山水画・唐物・茶器などが設えられている。これらの諸部分がワンセットとなり全体の空間が立ちあらわれており、空間と装飾をめぐって部分と全体、あるいは技術的・物理的な表層と観念的な深層などといった多様な関係を読み取ることができます。

このように、装飾をめぐる意味の多様な読解が期待できるのですが、現状の研究状況をみると、例えば仏像や絵画などの装飾については美術史が、柱や梁などの技法や意匠については建築史が、背景となる意味や理念については思想史がといったように、それぞれの専門分野で議論が分断される傾向があることも否めません。空間の装飾をより良く理解するために、細分化された学の枠を越え、いかに豊潤な意味を包括的に再解釈することができるのか。今回のシンポジウムの目論見の中心は、この意味の重層性を総合的に議論することにあります。

さて、その議論の前提として、泉先生から絵画中に表された山林とその意味について、窪寺先生から建築の天井にみる装飾についてお話しいただきました。

まずここで、お二人のお話の共通点に触れておきたいと思います。中世以前の仏教建築あるいは絵画に限定してみたとき、描かれたものとして仏国土や浄土が、具体的にはそこに登場する植物や山林、山岳がありましたが、描かれたものの規模が問題になっていたという印象を受けました。例えば、泉先生は「山林表象に包まれること」というテーゼや、大規模な山岳表象の意味について言及されており、いっぽうで窪寺先生は「一面一花文」や「四面一花文」、あるいは鏡天井一面に描かれた画像など、キャンバスの大きさに左右されるさまざまな装飾に言及されていたわけです。

以上を踏まえてまず泉先生にうかがいますが、いわゆる描かれたキャンバスの大きさや規模と、描かれた画像の内容や意味とのあいだに相関関係はあったのでしょうか。例えば、メディアの大小により意味合いに変化が生じた事例や、いっぽうで描かれたモチーフこそが重要で規模自体にはあまり関係がない事例などいくつか想像できるのですが、その点いかがでしょうか。

泉：絵画の場合、考え方としては画面のなか、つまり限定された平面空間のなかで、そのもの自体が空間をどのくらい占めるのかといった比較相対的な尺度で考えるのが一般的です。しかし、絵画の面自体の物理的な大きさ自体が、どのように意味に影響を与えるのかということは、絵画史の研究者はあまり考えてきませんでした。

今回私がおもに考えたのは、与えられた平面のなかでの占有の度合いです。とくに絵画が実際の建築と接続する場合は、絵画の面自体の大きさを当然視野に入れなければいけないのだろうと思いますが、今回取り上げたものには、なかなかそういう視野までを入れこむことが難しい。
また、浄土あるいは仏国土を、宝珠や宝相華、天花などのさまざまな意匠を用いて現世的なものへ投影するという図式があるわけですが、そのときの浄土は「他土浄土」をイメージしています。観音の補陀落山や釈迦の霊鷲山もいちおう浄土と言えるものですが、現世の延長上にある「此土浄土」ではなく、別空間としての「他土浄土」のことを言っています。

野村：お二人のお話をうかがっていると、装飾にはいわゆる此岸から彼岸に至る門や入口、あるいは浄土への結節点としての機能があるという印象を受けました。先ほどコスモスや宇宙といった空間的な広がりを想起させるキーワードも出てきましたが、そのような超越的な他土への導入を企図したときにも、現実的・世俗的観点からみれば、装飾された実在するキャンバスは大きい方がよりインパクトがあるのではないか。つまり、現世における物理的なスケール感覚も何かしら意味があるのではないかと思ったのですね。
今のお話に関連して窪寺先生にうかがいますが、例えば「一面一花文」や「四面一花文」は、それぞれの大きさが異なるばかりか、とくに後者はひとつのモチーフを天井の格縁で分節するなど、さまざまな方法で描かれています。この事例の場合、キャンバスの大きさや絵画自体の大小や規模をどのように考えれば良いのでしょうか。

窪寺：難しい問題だと思います。先ほど紹介した中国の建築書『営造法式』では、天井の一種である平棊の構成法を、天井に描く文様を交えて規定しています。中国の天井は日本とは様相が異なっており、格縁と格縁の間隔を広くとったものが比較的多く、そこにさまざまな絵が描かれています。多くは花文ですが、これは先ほども述べたように、仏国土を表徴する図柄であると考えています。また、鳳《おおとり》や鳳凰といった中国古来の思想などに基づく図像や龍なども描かれていますが、格間一面に一図像を描く場合がほとんどのようです。

ご質問にありました「一面一花文」でいうと法隆寺金堂があり、「四面一花文」というと薬師寺東塔がありますが、双方の格間の規模は異なっています。問題は、ひとつの格間のなかに宝相華なり蓮華文を描く場合、描かれたものが作品や図像として確認できるか否かという視覚的問題が生じるでしょうから、規模が小さい法隆寺金堂の図柄は大柄な花文として描かれています。一方、薬師寺東塔の宝相華は細部まで表現を高めた図柄となっていますが、なぜ「四面一花文」としているのかよく分かりません。平安時代になると大報恩寺本堂や西明寺三重塔、浄瑠璃寺三重塔の天井のように、小組格天井が多くなり、この場合は一花文で表現され、図柄も当然小紋となっています。見栄えを意識した表現といえるのではないかと思います。

ただ、画面の規模がどの程度表現に影響するのかというと、例えば仏画や仏像には截金文様のようにとても繊細な装飾技法もある。単に見栄えのみを意識して描いているわけでないことは明らかでしょう。さまざまな造形作品や絵画作品をみると、何とも言い難くなってしまいます。

■装飾が先か構造が先か——空間の履歴をめぐって

野村：先ほどの窪寺先生のお話で、構造的手法と装飾手法という二つの定義がありました。キャンバスの物理的・現実的制約とそこに描かれた表象との相関を問うためにも、重要な定義だと思います。他方で、泉先生も「与えられている平面」という、絵師にとっての現実的な所与条件に言及しました。仏教寺院のなかにそのコスモロジーを表象しようとしたとき、有力なメディアとして仏画・仏像・建築が挙げられると思いますが、これらの制作には必ず現実的・構造的な制約が生じます。この所与条件を考えた場合、それでも仏国土の意匠を第一に表現しようとしていたのか、それともやはりまず構造を先んじて重視しようとしていたのか。とくに巨大な規模を持つ建築や仏像の制作でこの問題が大きく露呈してくるわけですが、この判断にこそ仏堂空間の様相を解くカギがあるようにも思います。このことについて窪寺先生はどのようにお考えでしょうか。

窪寺：これもなかなか難しい問題ですね。例えば法隆寺金堂では、壁に仏画が描かれ、ある時代まで天井に宝相華か蓮華文など、内部空間の上方で仏の世界を表徴するモチーフの絵画が描かれています。このようなことから考えると、仏国土を表現することが優先されていたのではないかと思います。

野村：装飾が優先されていた、ということでしょうか。

窪寺：そうだと思います。ただ、古代から近世までの装飾の実際をみると、構造に即して図像が選ばれていたということもできるかもしれません。例えば長押のような横長の部材は、唐草文のように横に伸びていく文様を描いている。ひとつひとつが完結する図様というよりも、その部材の規模と形状に合った図様が選択されているように思います。このような視点を持つと、構造も表現に深く関与していると言えるかもしれません。

野村：薬師寺東塔の四面一花文をみると、なぜ、一つの画像を分断するような描き方をしてしまったのだろうと素朴に思うのですね（笑）。描くときにキャンバスの大きさや形状にさまざまな制約があったのか、そもそもこのようなものを元から描きたかったのか――。今の長押の話を聞くと、薬師寺の場合はどうしようもなくこのようになったのかなという想像すら生じますね。

泉：表象が先か構造が先か、ということに絡んだ問題だと思いますが、絵画の場合は堂荘厳、すなわち堂が完成してそこに荘厳として絵画的なものを表す場合と、堂荘厳とは関係なく、掛幅の絵画や障子の仏画なりを表す場合があります。後者の掛幅絵画あるいは障子としての絵画は、ほとんど制限なく描きたいものを描けば良い。しかし、前者の堂荘厳のほうは、さまざまに制約に合わせたやり方をしなければならなかったのでしょう。

ところで、先ほどから気になっているのが法隆寺の金堂壁画です。四つの大きな壁と八つの小さな壁からなりますが、一般に四方浄土と呼ばれる東西南北の四つの浄土図、あるいは説法図と呼ぶべきものがあり、ほかはみな単独の菩薩像となっています。あれが四つの浄土と八つの菩薩を表すためにこのような構造にしたのか、それともそもそもこのような構造だったからこそ四つの浄土と菩薩像を描かざるをえなかったのか。この問題をどのように判断すれば良いのか分からないのですね。

最近いろいろと研究が進み、さまざまな考え方が出てきていますが、有力なのは白壁の期間があったという見解です。七世紀末に再建金堂ができましたが、壁には何も描かれずに何年かそのまま経ち、のちに壁画を描いたという説です。この場合は構造が先で、後からテーマを考えて描いたということになります。

窪寺：白壁の期間というのが実際にあったとした場合、絵画の技法面からのこの点を考えることも重要なのではないかと思います。

日本画はフレスコ画とは技術の内容が違うので、白壁面が完全に乾燥していないとうまい結果が得られません。溶剤に膠液を用いるため、壁面を完全に乾燥させる必要があります。白壁の期間がどの程度であったのかは知りませんが、未乾燥の場合は膠液が白壁内に入り込まないため、定着性の問題が経年のなかで持ち上がってくるでしょうし、施工時における「にじみ」の問題が出てくるだろうと思われます。もしかするとこのような技術的な面から一定期間を置いたということも考えられるかもしれません。

藤井恵介（日本建築史）：こういった装飾の問題を考えたことがなかったので、大変興味深く聴いておりました。

法隆寺金堂を考える場合、裳階がなぜ廻っているのかという問題があります。以前、岡田英男先生という奈良文化財研究所にいらした建築史の先生が、法隆寺の場合は壁面を先に造ったと、要は絵を描くことを前提に建築の部材を設計したのだろうと指摘しています。

しかし、この手順で造ると窓がなくなってしまうのですね。そうすると仏堂としてとても変な形になる。そのために裳階を付けてそこに連子窓を入れ、仏堂らしい外観を作ったと指摘しています。この説に従えば、画題がどのように決められたのかまでは分かりませんが、最初から絵を描くことを前提に壁面を造っていた、と言えるわけです。

山田寺金堂の場合は堂内が塼仏で埋め尽くされていたと考えられています。伝橘夫人宅でも塼仏が奉られており、内部空間で仏像を用いた宗教的な設えが行われていました。絵を描くといった舗設はおそらくインドで始まったと思いますが、法隆寺の裳階は発掘でその痕跡がほとんど出ていないので、礎石を用いない土台立ちになっていたと考えられる。このような法隆寺型の事例が、同時代にほかにもあったかもしれません。そんなことを考えながら聞いていました。

窪寺：今、藤井先生が触れましたが、仏堂の主体の一つである仏像を安置することを前提に空間が設計されていたということも十分に考えられると思います。折り上げ天井がなぜ仏像の上方に設置されたのかという問題ともおそらく関係するでしょうし、平面・立面といった空間全体の設計にも関係するでしょう。東大寺大仏殿などをみても参詣者が見たり拝んだりする条件によって開口部が設計されていたことは明らかだし、平等院鳳凰堂も同じように仏像を礼拝する行為にしたがって設計されている。このような人間の視点からみた空間の有り様も考慮して良いように思います。

長岡龍作（日本美術史）：これは鈴木嘉吉先生の受け売りですが、法隆寺金堂には、壁面を支えている柱の壁の下の部分に「やつれ」があるようです。つまり、現状の壁を造る前にはそれがなかった時期、つまり、もっと壁が薄かった時期があったということです。このように考えると、壁を造り直して壁画を描き直したのではないかと、そして湿度の問題がこのときに解決されたのではないかと感じました。

それと、法隆寺五重塔も礎壁が一回造り直されているので、構造ができたときから完璧なデザインが空間のなかで出来上がっていたというわけでもなかったと思います。その折々の改変が適宜加えられていったと考えた方が、むしろ自然なのではないかと思うわけです。とくに古代には安置仏も増えてゆき、最初から同じ仏像がずっとあったわけではないので、このような変化をもう少し考慮する必要があるだろうと思います。

窪寺：法隆寺五重塔の場合、内部空間で現在隠れている柱の部分に彩色がありますよね。このようなところからも、長岡先生がおっしゃったように、荘厳された空間が同時期に一気に完成したのではなく、タイムラグを経て完成していったのではないかと考えることができるのではないかと思います。

■聖なるものの荘厳と草木

野村：泉先生のお話に、仏国土についての興味深い議論がありました。この仏国土を表現するには、典拠となる仏典や仏教教理の内容も重要となりますが、泉先生は先ほど仏国土を本覚思想と関連づけて解釈できるのではないかとおっしゃいました。このことについて佐藤先生いかがでしょうか。

佐藤弘夫（日本思想史）：泉先生のお話、私は大筋としてその通りだと思います。ただ、草木と荘厳の問題というのはかなり古い時代にまで遡ると考えています。それが厳密にいつなのかはまだわかりませんが、おそらく平安時代初頭あたりまで遡るのではないかと思います。

というのも、神社の木を伐ったために荘厳が失われ、祟りが起こったという話が史料上にいくつか出てくるのですね。お墓に生えていた木や古墳に生えた木を伐ったため、やはり同じようなことが起こったと伝える史料もあります。

このようにみていくと、聖なるものを草木が荘厳しているという感覚は同じなのだろうと思います。しかし、あの時期に聖なるものが草木に内在しているという発想自体は、まだ無かったと思うのですね。ですから、そこから転換してくる思想をどのように捉えていくかというのが今後の課題でしょう。

窪寺先生に別の質問ですが、中世の東北地方で板碑という石碑が大量に造られました。梵字が書かれていて、それが聖なるものの表象の役割を果たすのですが、一番精巧な板碑になると梵字の上に天蓋と瓔珞が、下に蓮華座がつくのですね。そうすると天蓋というか天井というか、そういったものが聖なる空間をイメージするときのもっとも典型的なものとして受け入れられた時期があったのではないかと考えたことがあります。今日のお話と関係することがありましたら教えていただきたいと思います。

窪寺：天蓋については、まさにおっしゃるとおりだと思います。五・六世紀頃の中国の石窟寺院を例にとってみても、すでに仏像の上方には蓮華が、いわゆる天蓋形状に、円形に彫られています。したがって天蓋というものはシンボリックな装置として発生しているのではないかと思いますが、板碑の上に天蓋が設けられたというのもこの文脈から十分考えられます。中尊寺を経由する「奥大道」に立っていたという笠卒塔婆の形態も、当時の人々の想念に基づいていたと言えるのではないかと思います。

泉：佐藤・窪寺両先生の発言に関連してですが、樹木あるいは樹霊という、そういった神木という考え方なりなんなり、樹木を聖なるものとして扱うというのは、おっしゃるとおり早くからあったのだと思います。

草木に仏性が内在するというような考え方が、日本の場合だと中世になるにしたがって次第に強くなっていった。そして「薬草喩品」の譬喩と結びつき、「山林は荘厳なり」という言説まで登場するようになった。このようなことを今回は発表してみたつもりです。このような草木に対する観念の変化というものが、さまざまな事例を説明する材料になると良いなというのが正直な想いです。これは仏教だけの主張や観念というわけではなく、道教にもこのような考え方がありますし、日本古来のいわゆる神祇信仰にもありますので、仏教的な荘厳という括りで切り取ってみたらどうなるか、ということを今回発表してみたわけです。

美術史の場合、表現の自立的な変化なのか、それとも意味の変化、ないしは人間が考える観念の変化によって表現が変わったのかという問題をいつも抱えながら考えています。ある場合には表現を変えたいということが形を変化させ、ある場合には意味が変わるので形が変わるという現象がある。今回は意味の変化の側からどんどん考察していったのですが、なかには無理をしたところもあります。問題提起として受け取っていただければと思います。

芳賀満（西アジア考古学）：草木と仏性の関係では、井上正先生が一連の論文で「霊木化現」、つまり神の依り代としての神木を踏まえて、仏教では霊木に宿った仏が徐々に木からその姿を顕現する途中の過程を表しているのが立木仏などである、との説を出されていますね。また草木と荘厳の関係あるいは山林表象は、その源流へと溯りますと、やはりインドのヤクシー・ヤクシャの樹霊信仰にまで繋がるのではないかと思います。一方で、山林のような樹木そのものは、例えばコス島の前一六〇年頃の医神アスクレピオスの神域の三段目のテラス上の神殿の背後にもありますから、古今東西に普遍的な現象でもあります。

仏教美術で山林がしばしば表現されるのは、安藤佳香先生がグプタ式唐草文に関して論じたように、基本的には植物の持つ生命力や生気が充満し横溢してゆくイメージであり、それが平等院鳳凰堂の堂内荘厳等にも通じていくと思います。装飾とはそのような宇宙の生気を表す荘厳そのものであり、よって宗教美術に不可欠な本質なのでしょう。

自然のなかからの顕現に関しては、アジャンター、エローラ、ピタルコーラなどの石窟寺院での空間認識も重要だと思います。その内部空間に入って一番強く感じるのは、石窟寺院の奥壁や仏像と連続して繋がっている背後の山の、極端に言えばデカン高原全体の、量塊の強さです。これらの石窟寺院では、仏像は背後の山々から生み出され顕現しつつあると感じました。背後の山々こそが、非常に大きく重い「空間」あるいは「キャンバス」だとも言えるでしょう。

日本では、高松塚古墳等の例外を除き、基本的に絵画や仏像は、時には建築でさえも、大地から離れて動く「動産」です。しかしインドや中央アジアや旧石器時代からルネッサンス時代の地中海世界でのような、「不動産」としての絵画あるいは石窟寺院のなかの仏像も考慮する必要があります。「動」か「不動」かという「空間」の基本的な性格は、議論の前提として確認する必要があるのではないでしょうか。

■聖と俗の界面

藤井：泉先生にうかがいます。法隆寺金堂の場合だと浄土図が描かれていたわけですが、藤原道長や頼通の時代ともなると、法成寺の阿弥陀堂では九品往生図が描かれていました。九品往生という主題には、仏と世俗がともに登場するということになりますよね。平等院鳳凰堂の場合も仏教的な世界を壁画に描いているものの、世俗画として占める割合が大きい。このような事例の一番早いものはいつ頃から登場したのでしょうか。世俗と宗教の転換や関係についてうかがいたいと思います。

泉：とても大きな問題なので明快な回答はできませんが、法成寺で道長が強くプッシュしたことに間違いはないと思います。日本の平安時代から鎌倉時代の仏教の流れのなかで、最初は空海や最澄といった仏教者が思想界を主導していくのですが、途中から俗権が強力になってくる。そのキーパーソンは一人目が道長で、次が院政期の院の人たちであろうと思っています。思想的に僧侶を凌げるわけではないのですが、見識をもった俗人が出てくるために、浄土教建築でも世俗的な要素をどんどん内側に取り込んでいく。このようなあり方が次第に広がっていったのではないかと思っています。個々の事例で、例えばこれは俗界と浄土の結節で、これは浄土で、といった区分けはなかなか難しいのも事実ですが。

藤井：とても分かりやすいと思いました。空海や最澄の時代は用いられた画像が宗教的ですね。密教寺院の場合、例えば中世の塔のなかでは密教画は描かれるけれども世俗画はあまり入ってこない。そうすると、道長たちの果たした役割というのはかなり重要であるということですね。

浄土教の九体阿弥陀堂ができたときには非常に特殊な事情があり、しかも道長の力も大きかったと思うのですが、建築的にみても床を張るという大きな特徴がみられます。床を張る仏堂というのはそれ以前にはほとんどなかったので、なぜなのだろうとずっと思っていました。あそこで道長が伏せって死ぬわけなので、そこに長期滞在する必要があり、床が必要になる。要するに、世俗的な住宅とそうでない仏堂とが習合をしたのだろうと思うのですね。しかも、寺院は人が死にそうになると本来外へ出してしまうと思うのですが、その内部に積極的に死ぬための場所をつくってしまう。ここにとても大きな問題があり、ちゃんと取り上げなければいけないと思っています。

長岡：泉先生がおっしゃるように、「奇山」という言葉が有効であるということが分かり、大変勉強になりました。法隆寺金堂には奇山もあるのですが、先ほど窪寺先生がお見せになった天蓋の内側の山は、奇山とは言い難いなだらかな山なのですね。また、薬師の場合も下座は奇山ですが、上座はやわらかい印象の山です。本日、窪寺さんのお話をうかがっていて、なんであそこに山があるのかということがなんとなく分かってきました。つまり、あそこは境界で、天上世界とこちらの世界とのあいだだという境界としての山の表象がある。あれを奇山ではなく遠山と言っていいかどうかは分かりませんが、いずれにせよこのような二つの意味を持つ山が使い分けられている。なるほどと改めて感じたところです。

そして平等院鳳凰堂ですが、もっとも聖なるものが一体どこにあるのかと考えると、心月輪が入っている阿弥陀の内側にあるのではないかと思うわけですね。つまり、仏の世界というのは阿弥陀の内側にあるのではないか。このように考えると、求心的な構造となっていて、内側が仏の世界で、外側に世俗の世界がある。このようなイメージで空間がつくられていたとすると、天井の蓮華は一体どこに存在しているのかというのがポイントになります。窪寺先生が先ほど『法華経』の冒頭をお引きになりましたが、やはり霊鷲山は、先ほど泉先生がおっしゃったようにこの世、すなわち現世なのですね。浄土といっても他土浄土ではない。つまり、蓮華が降ってくるのはやはり此土である。

中国隋代の仁寿舎利塔の場合も同様に、塔に舎利を埋めると天花が降ってくるのですね。仏が感応した「験」として天花が降ってくる。つまり、降ってきているこちら側は現世となる。そうすると法隆寺金堂は山もありますし、金堂は現世であって、遠山の上に仏の世界があるというような構造になっているのに対し、平等院鳳凰堂はむしろ外側に俗世があって、内側に仏の世界がある。

この構造の転換がどこで起きるのかというと、私はやはり密教が興隆した時期ではないかと思います。阿弥陀の内側には陀羅尼、すなわち呪があり密教的な意味があるので、外を聖なる世界とみるという有り様と、内を聖なる世界とみるという有り様を考えると、とても分かりやすいなと思いながら聞いていました。

■近世の宗教空間と山水

窪寺：長岡先生のご意見は、建築空間における主体は何か、空間における主体が誰なのかということとも密接に関わる大変重要な議論であると理解しました。荘厳の意味やその選択にも大きく関わる問題とも言えます。

近世初頭からの建築をみると、先ほども少し触れましたが、宗教性みたいなものが希薄になってくるような気がするのですね。何というか、建築自体がとても開放的になる。そういうことも含めて、やはりその建築における主体が誰で、どういう位置にあるのかということを考えることは先生がおっしゃるようにとても重要だし、まさに建築空間の解釈がやりやすくなると思います。

長岡：近世の事例がどのようになっているのか、私も興味があります。例えば、大崎八幡宮の内殿の壁画は山水なのですね。しかも水墨によって描かれたモノクロームの世界です。本日窪寺先生が取り上げたのは拝殿と石の間ですが、一番奥は装飾が排されている。このことをどのように考えればよいのか。それから、日光東照宮の内々殿の内側に天部がいるとすれば、それはいったいどういう意味なのか。じつは、戦前の写真でしか見ることができないのですが、伊達政宗の瑞鳳殿の厨子の裏側にも四天王の天部がいるのですね。日光東照宮の天部の話を聞いて、東照宮と瑞鳳殿は思想が近いのかなと思いました。

窪寺：東照宮の場合は家康を祀っているので、天部は守護の役目を果たしているのではないかと思います。私も大崎八幡宮の修理現場で内々陣の荘厳を見たときに驚きましたが、これをどう解釈すれば良いのか、いまだによく分かっていません。

そもそも、神社や霊廟の内陣を拝見することは非常に難しい。例えば、彩画が残る古い神社建築として、五色の瑞雲が描かれた神魂神社本殿や、正徳期に造営された霧島神宮本殿があります。後者については写真でしか見たことがありませんが、内陣の設え自体が、ほかで見たことのないような表現しにくいものになっており、内陣正面の壁画が松の大画面構成となっています。これが一体何を表徴しているのかということも含め、今後、建築における荘厳・装飾の意味や位置づけをより追求しなければいけないと思っています。

長岡：泉先生も冒頭でおっしゃったように、山水がある種の仏教的なイメージを持っているということが近世まで続いたのだろうと思います。一般に、八幡は阿弥陀が垂迹した姿とする説があるわけですが、本地的なものの現れとして、仏教的な意味が山水に投影されたのではないかと思います。あるいは、西本願寺黒書院の一番奥が山水で飾られていることを考慮すると、もっとも聖なる空間を山水にするという考え方がどこかで生じたのかもしれません。その黎明が禅宗からなのか否かは分かりませんが、このような影響関係をぼんやりと考えています。

窪寺：今おっしゃった山水の読み方、とても勉強になりました。大崎八幡宮本殿の内部空間は、仏教的な解釈をしないと難しいのだろうと思います。神社の定義にも関係すると思うのですが、江戸中期以降の建築装飾も、仏教と関連づけないと解釈しにくい図像が多いように思います。

先日、重要文化財に指定された涼ヶ岡八幡神社（福島県相馬市）の荘厳は、おそらく何かの参考になると思います。内陣と外陣の天井が鏡天井で、鳳凰と龍による円の画面が全体に極彩色で描かれています。これはなかなかのものです。この空間にみる意味の解釈も今後の検討課題です。

野村：面白い議論であればあるほど、あっという間に時間が過ぎてしまうという宿命にあります。本日の議論は一度ここでお開きにさせていただきたいと思います。

お話をうかがっているうちに、装飾の問題は人間の生や死に深く関わる大問題であるとあらためて感じることができました。日光東照宮では、昭和八年にブルーノ・タウトというドイツから来日したモダニズムの建築家が、極彩色の装飾を痛烈に批判したのですね。それからしばらく建築史学では、装飾に関する研究が等閑視されてしまった。この場での議論も一つの起点に、人間の生と死にも関わるこの問題をより一層再検討できればと感じた次第です。皆さま、長らくおつきあいいただき誠にありがとうございました。

■論文

空間／場所論から見た中国の祠堂
――広東省珠江デルタを事例に

川口　幸大

はじめに

祠堂とは、人々が自らの祖先の位牌を祀り、祖先祭祀を行う建造物のことである。中国の、特に福建や広東といった東南部においては、おおよそ一六世紀ごろから父系の出自集団である宗族の形成が盛んとなり、その成員たちは土地に代表される大規模な共有財を運営し、一族の歴史と成員の情報を記した族譜を編纂するとともに、祠堂を建てて共同で祖先祭祀を行った。とりわけ、荘厳かつ壮麗な祠堂は一族の勢力と威光を過度なまでに体現していただけでなく、王朝が正統とする儒教のオーソドキシーを受け入れ、実践していることを明示する装置でもあった。

しかしながら、一九四九年に中華人民共和国を建国した共産党は、社会主義に基づいた新たな国づくりを進めるにあたって、宗族の男性中心的なイデオロギーや、一族内外の政治経済的な階層性を「封建迷信」的であるとして徹底的に排撃し、祠堂を工場や政府のオフィスに転用したり、あるいは取り壊して建築資材にするなどした。

その後、一九七〇年代の末から状況は再び一変するのであり、共産主義の実現を事実上棚上げにして経済発展を軸とした近代化へと国策を転換させた共産党は、宗教やいわゆる「伝統文化」に対するそれまでの抑圧を緩和し、国家のアジェンダに有益だと判断したものについては公認して政策に取り込むようにすらなった。これを受けて、福建と広東の両地は特に多くの海外移民、すなわち華僑華人の出身地であったから、親族との再会やビジネスのために里帰りした人々が資金を提供して祠堂を再建し、祖先祭祀を再開するという動きが広く見られた。これがいわゆる「宗族の再興」である。さらに二〇〇五年を過ぎるころから国家レベルで中国の誇るべき伝統文化を顕彰したり、地域の歴史・文化を発掘して再評価したりするプロジェクトが進められるようになると、地方政府も宗族の活動に資金を提供するようになり、祠堂の再建・修築もさらなる勢いを得るとともに、一時期は忘れ去られていた祠堂が成員たちの間で再び広く認識されるようにもなっている。このように、祠堂はおおよそ五〇〇年間にわたって、中央の政策と、村落社会に住む人々の思惑とのインタラクションの中で、そのかたちと意味とを幾度か変容させつつ、今日に至っている。

では、この祠堂を空間という視座からはいかに記述することができるだろうか。管見によれば、空間を社会学的・地理学的な分析概念としたのは、ルフェーヴルが最初であったであろう。彼は空間を単に自然的に存在するものではなく、所有、支配、権力といった社会関係が生産・再生産される状況として捉え、それを「空間の生産」と表現した［ルフェーヴル二〇〇〇］。そして、この意味での空間は場所と対比され、場所＝経験的、身体的、個別的な行為が営まれる現場であり、そこに生きる者たちのアイデンティティのよりどころとなるような「なわばり」であると理解されるようになった［Tilley 1994; オジェ二〇〇二］。さらに、ギデンズはモダニティを巡る議論の中で空間と場所とを主題として取り上げ、場所からの空間の離脱、すなわち日常生活をかたちづくるものが対面的でローカルな人間関係から、現場とは隔たった諸関係・諸勢力へと移行したことをもってモダニティ出現の指標とした［ギデンズ一九九三］。

では、祠堂はどうか。村落の中に所在し、人々が自らの祖先を祀るという側面からは、場所の持つ「歴史的固有性や主観的非代替性（かけがえのなさ）」［山﨑二〇一〇：五五］を見てとることができよう。他方、祠堂には常に中央の政策や正統なイデオロギーが投影されており、さらに近年では海外に暮らす親族からの人的・経済的なフローや、都市に暮らす歴史愛好家や写真家などのまなざしが注がれている点をもってすれば、政治的かつ脱領域的でハイブリッドな空間的様相が浮上してくる。はたして祠堂は、場所か、空間か。あるいは、そもそも両者はそれほど明確に二項対立的なものなのか。

この点に関して人類学者の床呂は、脱領域化・脱身体化された空間の典型であるようなサイバー・スペースであっても、ユーザーの日常的な実践や意味生産のいとなみを通じて絶えずローカルな意味が吹き込まれているというミラーとスレイター［Miller and Slater 2000］による見解を引きながら、場所と空間とは排他的に二者択一されるべきものではなく、相互補完的に絡み合う二つの視点であるとしている［床呂二〇〇六］。また、中国・広州市内の下町を景観人類学の視点から分析した河合は、例えば観光パンフレットのような恣意的に創られた特殊性を持つ空間と、人々が生活実践によって慣習的に築きあげた場所とが平衡しつつ一つの景観を構成している様を「相律」と形容した［河合二〇一三］。つまり、場所／空間は誰にとってのものか、どの面を見るのかによって性質を異にする、あるいは異なった性質が顕在してくるということであろう。本稿ではこうした理解を踏まえながら祠堂の特質を活写し、そこから翻って空間・場所論の展開へつながりうる視座を提示したい。

一　珠江デルタの宗族、祠堂、村落社会

先述したとおり、祠堂とは宗族の人々が祖先を祀るための建造物であり、広東や福建の村落を歩いていると、たいてい一つの村に数軒の祠堂を目にすることができる。そもそも祠堂はどのような経緯で建てられたのか。それを把握するには、宗族が組織されるプロセスとともに、地域社会の形成史を紐解いてゆかねばならない。以下に、広東珠江デルタのとある村落—仮にS村としておこう—の陳氏宗族を事例として、これを見てゆこう。

1　フィールド概況

S村は広州市の中心部から東南約三〇キロメートル、珠江の河口付近に位置している。現在の村の人口は約八〇〇〇人、そのうちの九割あまりは陳氏と陳氏の男性に嫁いだ女性で、このほかに二〇〇〇人ほどの外来人口がある(1)。

二〇〇〇年代の前半までは広州からバスを乗り継いでS村に向かったものだが、その後、村の付近に地下鉄の駅ができ、この地域のアクセスは格段に向上した。それにともなって村の周辺には高層マンションが相次いで建てられ、地価の上昇も著しい。今や村には農地はほぼ存在せず、住民たちは新しく建てられた工場で働いたり、大小様々な規模の商売を行ったり、また銀行や他のオフィスでの職に就いたりしている。正確な統計はないが、人々の平均的な収入は月二〇〇〇元（三万円。なお以下、一元を一五円とする）ほどで、豊かになった中国においても、農村部としては格段に高い水準の生活を送っている。

2　宗族形成とその後の展開、そして祠堂

珠江デルタにおいて人々が宗族を組織し、祠堂を建てるに至る一連の過程は、フロンティア状況下において徐々に村落が形成されて地域社会がかたちづくられてゆく開発史の展開と密接に関連している。

今日の広州市のほぼ中心に広がる珠江デルタは、珠江の支流が運ぶ沙泥の堆積と、人工的な干拓によって陸地化されてきた低海抜の平野である。S村陳氏の第一世、すなわち始祖がS村にやって来て定住したとされている一二世紀、村一帯はその南に海が広がるフロンティアの最前線であった。北方からは移住者たちが押し寄せ、土地の開発をめぐって激しい争いを展開していた。そこに中央の直接的な統治は及ばなかったから、人々は生存競争を勝ち抜くために人的な紐帯とマンパワーを必要とした。同時に、当地に定住して土地や資源への権利を有していることを確証づけるために、また王朝の版図に組み入れられることを拒んで反乱を繰り返していた、いわば化外の民と自らとを峻別するために、自身の来歴をつまびらかにする必要があった。そこで人々が紐帯の原理としたのが出自であり、それをもとに形成したのが宗族であった。出自は過去への遡及性を前提とするから、これに都合がよかったのである。人々は族譜を編纂して、一族の歴史と祖先の履歴を当時求められた条件に見合うように書き連ねた。珠江デルタの宗族の族譜では、一族の出所を定型的な移住伝説に求めたり、あるいは祖先が北方から移住してきた高名な人物だとするものが大半である。S村陳氏の族譜においても、村の始祖が一二世紀に移住してきたこと、さらにその祖先は東晋代（三一七—四二〇年）に王朝に仕えた高名な武将であることを主張している。

宗族の集団化がある程度進むと、次に成員内の有力者たちがイニシアティブをとって、祠堂の建設に乗り出す。儒教のテクスト『孝経』に「孝、徳之本也（孝は人の道の根本ぞ）」とあるように［加地二〇〇七：七］、孝、すなわち親に礼をもってつくし、死後は礼をもって祭祀することこそ儒教のエッセンスであった。後に朱熹は、祠堂を建てて祖

先の位牌を祀り、同祖の親族が統合すべきことを説いたが、祠堂の設立を許されていたのは官僚のみであった。にもかかわらず、広東においては一六世紀から、必ずしも官職経験者にとどまらない、より広範な人々の間で祠堂の建設が進められてゆく。その原動力となったのは、広東に赴任した、あるいは広東出身の儒者官僚たちが礼の乱れを懸念して推進した宗族形成の取り組みであった。

この時期の珠江デルタの村落社会においては、仏教と道教、あるいはシャーマン（巫覡）への信仰が主流であった。そこで広東の役人たちは国家から承認を受けていないこれら宗教の施設を「淫祠」と見なして破棄を勧め、正統な儒教の普及を目指すようになった［科・劉二〇〇〇：一一―一二］。正徳一六年（一五二一）に提学副使として広東へ赴任した魏校は、広州域内や番禺・南海両県を中心に淫祠の破壊を実行するとともに、邪教を根絶させるために祖先神を対置させて祖先祭祀の挙行を命じたのであった［井上二〇〇二：一一―五、二〇〇四：三五］。彼のほかにも、広州の黄佐、仏山の霍韜、番禺の李義荘、順徳の羅虞臣、東莞の袁昌祚など、いずれも珠江デルタ出身の官職経験者たちは、郷里において宗族の形成、祠堂の建設、祖先祭祀の挙行を実践または推進した［井上二〇〇〇、二〇〇一、二〇〇四］。

また折しも中央では、嘉靖一五年（一五三六）に礼部尚書・夏言が、万民誰しもが始祖・先祖の祭祀を挙行しうるとの上奏を行った。実のところ夏言は祠堂の設立を官僚に限定するという点については従来の制度を踏襲しており、また彼の上奏を受けて明朝の家廟制度が改変された形跡はないのだが、民間においてはこの夏言の提言が明朝の公式見解であるとの受け止め方がなされ、また後の文書にもそれを契機に祠堂の建設が普及したと記されるようになった［井上二〇〇〇：三七五―三七八］。同時期の珠江デルタの宗族の族譜の中には、官僚家以外でも祠堂の建設を合法とする旨の見解が記されるようになるといい［科・劉二〇〇〇：一二］、村落の人々が儒者官僚による新たなテクスト解釈を取り込みながら祠堂の建設に乗り出そうとしている動きを見ることができる。夏言の提言はこうした宗族形成と祠堂建設の機運に、いわば公的なお墨付きを与えるものと解釈されたのである。

S村陳氏が初めて祠堂を建てたのも、彼らの族譜によれば一六世紀のことであった。そのイニシアティブをとった一三代の陳大有は、S村陳氏の成員の中で最初に官職に就いた人物で、明代嘉靖年間の一五四三年に郷試に及第して「挙人」の称号を得、福建の仙遊県知を勤めた。彼はその在任中に倭寇の撃退で功を挙げたとされている。陳大有以降、S村陳氏は相次いで科挙合格者や官職者を輩出し、土地の獲得とその拡大を進め、村内に相次いで祠堂を建てていった。

前述の通り、祠堂は祖先祭祀のための施設であり、かつ正統な儒教のイデオロギーを受け入れて実践していることを明示する指標でもあったが、同時にまた政治経済的な機能も有していた。祠堂は子孫たちが特定の祖先の名を冠して建設し、その維持や儀礼の遂行、子弟の教育、成員間の相互扶助などのために祠堂名義の共有財産を置く。祠堂へのメンバーシップおよびそれら財産に対する権利は、その祖先以下の子孫に限定される。すなわち祠堂の建設は、宗族内に入れ子的な分節を形成することでもあり、その特定のメンバーが財産と権利とを他のメンバーに対して排他的に所有し運営することを可能にする手段でもあった。有力な成員たちは、これらの財産を用いてさらなる土地を獲得しつつ子弟を教育することで科挙合格者と官職者を再生産し、勢力の拡大と子々孫々のためのその維持拡大を図った。こうして一部の成員は政治経済的な力を増進させてゆき、宗族内部には不均衡な階層構造が内包されるようになったが、同時に彼らはマンパワーも必要としたから、祖先祭祀においては開祖以下、一族の一体感を強調して全体の統合を保った。一方、その他の一般の成員にとってみれば、小作するための土地へのアクセスや、生命や財産の安全など、中央の直接的な統治が及ばないフロンティア状況下を生き抜くためには、強力な宗族の一員であることにはメリットがあった。また王朝の側は、今まさに開発されゆく末端の地域社会を直接的に統治することはできなかったから、宗族と、それを率いる有力者たち（官職経験者であればなお望ましいであろう）に、村落社会の秩序維持を、いわば間接的に委託していた。

S村陳氏も、一部の有力な成員たちと彼らが形成した分節を中心として、勢力を大きく拡大させていった。清末までにS村の陳氏からは一一人あまりの科挙合格者（挙人、そのうち二人は進士）と一一人の武挙人（そのうち四人は武進士）が輩出した。彼らはその政治力・経済力をもって土地の獲得を進め、二〇世紀初頭までに宗族の共有財として三万三〇〇〇畝（約二二〇〇万平方メートル）もの土地を所有するまでになっていた。有力な成員たちは村内に相次いで祠堂を建設し、小規模なものも含めてその数は一〇〇を超えた。宗族の拡大と相乗しあうように、S村そのものも大きな繁栄をとげ、大小の定期市のほか、一〇〇以上の常設の店舗が軒を連ねるマーケットタウンとなった。

このように宗族は、自らの勢力を維持拡大したい有力者たち、彼らに地域社会の安定を託したい王朝、そして宗族の一員であることで恩恵にあずかることができる一般の成員という三者の思惑が、いわば父系出自の原理のうえに重なり合うことによって発展してゆき、清代の社会構造の維持に少なからぬ機能を果たしていたのである。そして祠堂は、祖先を祀る建造物であると同時に、自らの一族が王朝の正統とする儒教の規範に倣っていること、すなわち臣下の民であることの指標であり、さらには一族内部における政治経済的な統合と分裂の手段であり、その象徴でもあった。

二　祠堂の変遷

さてここからは、祠堂が建設されてから今日に至るまで、建造物としてのかたち、さらにはその意味づけがどのよ

図１　善世堂の全景

うな変遷をたどってきたのかについて、S村陳氏の祠堂を例として記述していこう。なかでも、S村陳氏の祠堂の中で最初に建てられ、さらに最も大規模であった善世堂を中心に述べる。この祠堂は一九四九年以前には、その規模と壮麗さから県下の「四大祠」の一つと謳われ、まさにS村陳氏の勢力と威光を象徴していた。

1　建設の初期から一九四九年以前まで

S村陳氏が初めて祠堂を建てたのは、族譜によれば一六世紀前半のことである。上述の通り、その指揮をとったのは科挙に及第して官職も勤めた一三世の陳大有であった。祠堂の完成以降、陳氏の成員たちが次々に獲得した土地はすべてこの善世堂の名義で登録され、宗族の共有財として運用された。また宗族の有力者たちは善世堂に隣接して建てた公局という建物で、一族や村のさまざまなことがらを討議し、決定した。善世堂は祖先祭祀の場であると同時に、いわば経済的な団体であり、また政治機関でもあった。

次に建築物としての善世堂（図1）を見よう。特筆すべきは、その規模と意匠である。祠堂の前門の上部には、九七の異字体の「寿」の字が刻まれている（図2）。木製の柱や梁、あるいは石材を使った

図２　善世堂の前門に彫られた異字体の「寿」

土台部分には故事や動植物をモティーフにした精巧な彫刻が施されている（図３）。祠堂のほぼ中央部に掲げられた「善世堂」の文字は、明代に倭寇討伐で功をなした名将・戚継光の筆だとされており、同じく福建での在任期間中に活躍した前述の陳大有が彼に依頼したものだという。善世堂はこうした意匠の精巧さと美しさ、そして二四七二平方メートルというその規模において、数多くの祠堂が建てられた珠江デルタにおいても屈指であり、後に県下の「四大祠」の一つと謳われることになった。S村陳氏の成員たちは数多くの祠堂を建てたが、とりわけ善世堂は一族の勢力と、内部のエリートの威光を遺憾なく象徴していたのである。

2　人民公社時代—一九四九～一九七八年

一九四九年に中華人民共和国を建国した共産党は、農村部においては土地改革や人民公社の編成といった、社会主義に基づく新たな国づくりのた

図３　梁にほどこされた精巧な彫刻

めの政策を次々と発動していった。冒頭でも述べたように、宗族は旧社会の「封建」性の最たるものとして解体が進められた。

S村陳氏の土地や祠堂等の財産はすべて没収されて人々に分配された後、公有化された。善世堂は、大躍進が展開されていた一九六〇年に縄やムシロなどを製造する公社の工場として造り替えられた。位牌はすべて撤去され、祭壇は破壊された。祠堂内の壁はくり抜かれて作業のための小部屋が設けられ、また天井には幾本もの電線が通された。床に敷き詰められていた美しい石畳は、緑と白のタイルに張り替えられた。

この善世堂のほかにも、S村の祠堂は人民公社のオフィスや学校や教員の宿舎に造り替えられた。壁には社会主義のスローガンが赤い文字で記されたり、毛沢東の肖像画が描かれたりした。位牌を置く祭壇は破壊され、彫刻は削り取られた。陳氏の祠堂は、いまや共産党による社会主義体制を象徴する建造物へと姿を変えたのであった。

3 改革開放期――一九七八～二〇〇〇年

一九七八年の三中全会において、共産党が経済発展を軸とした近代化へと国是を転換したことをきっかけに、宗族と祠堂は再び新しい展開を迎える。冒頭でも述べたように、それに大きな役割を果たしたのが海外に住むS村の出身者、すなわち陳氏宗族の成員たちであった。福建や広東といった中国東南地域からは海外へ数多くの移民が出ている。S村を含めた珠江デルタ地域では、とりわけ香港へ渡った者が多い。中国が改革開放に舵を切って以降、こうした移住者たちは故郷へ里帰りするだけでなく、学校や病院や道路の建設のために寄付をしたり、工場を建ててビジネスを行ったりと、出身地との結びつきを再び強めていった。中国側の地元政府にとって彼らは重要なスポンサーであったから、宗族へのネガティブな施策方針を未だ完全に覆したわけではなかったが、祠堂を復興させるという彼らからの申し出を断るわけにはいかなかった。こうして各地で次々と祠堂が修築されたり、再建されたりしていったのである。

先ほど述べたように、善世堂は一九六〇年から人民公社の工場として使用されており、一九九〇年代に工場が移転した後は、鎮政府（村より一つ上の行政単位）が管轄する工場の労働者のための食堂として使われるようになっていた。そのころ村出身の香港在住者たちからの資金提供のめどが立ったので、善世堂の修築がまさに実現されようとしていた。ただし、祠堂は鎮の政府に属している。そこでS村は祠堂の使用権を村に返還するよう鎮政府に要請したのだが、鎮政府はその見返りとして二〇万から三〇万元を要求したため、修築計画は頓挫してしまった。その後一九九〇年代の末にS村の側はこの問題をより上位の市政府に陳情した。市政府は工場が移転しているのであれば鎮は祠堂を村に返還すべきだとの判断を下した。こうして二〇〇〇年にようやく善世堂の修築が実行に移されたわけである。

修築の事業は二〇〇〇年七月から行われ、金額としては合計で約三二万元が費された。しかしながら、その首尾は決して芳しいものではなかった。この修築に大きな役割を果たしたのは香港に住む陳氏の男性—仮にA氏としておこう—であった。彼は建国前に香港に渡り、タイ料理店をはじめ、飲食店の経営で大きな成功をおさめた人物である。このときの修築に際してA氏は一五万香港ドル（当時のレートで約一五万九〇〇〇元、約二二〇万円）を寄付した。これは香港在住者からの寄付の六割近く、総費用の約半分を占める額である。資金面で多大な貢献をしたA氏は、S村で建築業を営む義弟にひと月一〇〇〇元の給料を出して工事を請け負わせるなど、修築の工程にも大きく関与した。結局この修築は四ヶ月をかけて行われたが、至る所に工場として使用されていた当時の形跡が残されたままに終わった。祠堂の中枢とも言うべき、位牌を安置する祭壇に至ってはまったく手がつけられておらず、残された外枠はところどころがひび割れて朽ちている。あたかも修築は工程半ばでうち切られたかのような印象を受ける。陳氏の成員のなかには「三〇万元もかけたのに、ひどい出来だ」と評し、A氏が修築の事業をなかば私物化したことに原因をもとめ、資金が効果的に運用されたかを疑問視する者もいる。

このように、S村陳氏にとって最も重要な祠堂であった善世堂の修築は香港在住者たちの支援によって実現したが、その首尾は必ずしもよいと言えるものではなかった。その背景には大口の寄付者の意向をある程度尊重せざるをえない状況を見て取ることができるが、言い換えるとそれは、この時期の宗族の再興が海外在住者からの支援なしには立ちゆかなかったことをも物語っていよう。この修築事業の後も、善世堂は普段は門が閉ざされ、成員たちが出入りすることはできない。それでも、祖先祭祀を行う四月の晴明節の際には開かれて、成員たちが線香とろうそくを上げるために立ち寄るようになった。共産党の政策によって失われた祠堂は、部分的にではあれ、再興されたのである。

4 新しい展開

上に見たとおり、一九七〇年代末の共産党の国策転換を契機として宗族の復興と祠堂の再建が行われはじめた。しかし、宗族は依然として政策上のグレーゾーンに位置づけられていて、地元政府が祠堂の修築を認めるには、例えば海外在住者たちによる地元への寄付や投資などとの、いわばバーターが不可欠であった。それが二〇〇五年前後を境に大きく変わりはじめる。すなわち、地元政府が宗族と祠堂へ肯定的な評価を下すようになったのである。これは、いわゆる中国の「伝統」を再発見し、国民統合のロジックや、教育や、観光開発に取り入れようという、中央レベルで進められた政策を受けたものである。例えば、国家レベルにおいては、中国の伝統的な節日として、晴明節と端午節と中秋節が新たに国民の休日とされたり、儒教の道徳的な価値が見直されて、一部ではあるが教育に取り入れられたりしている。

こうした背景のもと、二〇〇五年に区政府は全域で歴史的な文物の大々的な調査を行うよう号令をかけた。それを受けて、S村が属する鎮でも政府内に臨時のセクションを設け、鎮下の村々に現存する古い建造物や事物を調査して、その結果を二一五ページから成る書物『S風物』として出版した。そこにはS村陳氏の善世堂が大きく取り上げられている。また、S鎮政府は二〇〇八年に、地域の歴史や古い建造物や伝統的な習慣などを紹介するテレビ番組を制作し、一二回シリーズとして地元の局で放送した。そのうちの一回では祠堂が特集され、善世堂が紹介された。

こうした動きを受けて、祠堂はより広く人々の間で認識されるようになってきたのであろう、同時期より新聞やテレビなどで取り上げられる回数が目に見えて増加している。例えば、二〇一一年には広州のテレビ局が情報番組のコーナーで善世堂を取り上げた。その内容は、かつての美しい祠堂は劣化が進んでおり、早急に修築を行わねばならないというものであった。さらに日常的にも、古い建造物に関心があるという人や写真愛好家らが祠堂を訪れ、内外を見学したり撮影したりするようになった。今や祠堂は現代的な文脈において公的な評価を受け、外部からもその価値にまなざしが注がれるようになっているのである。

三　祠堂と場所／空間

珠江デルタにおいて祠堂が広く建てられるようになった一六世紀から今日に至るまで、およそ五〇〇年が経過した。その間、祠堂は建物としての構造や社会におけるその意味づけを幾度か大きく変えてきた。

そもそも祠堂が普及した背景には、淫祠邪教を廃し、祖先祭祀を普及させて、地域社会における秩序の醸成をはかろうとした儒者官僚たちの思惑があった。折しもフロンティア状況下で台頭しつつあった人々は、集団形成のためのチャンネルと、自らの身分の正統性を保証しうる根拠を求めていたから、儒者官僚たちの施策に倣って宗族を形成し、祠堂を建設した。こうして建てられた祠堂は、一族の富と繁栄の象徴であるとともに、一族内の階層構造の所産であり、さらにそれを再生産する装置でもあった。

一九四九年以降、祠堂は人民公社のオフィス、工場、宿舎などに造り替えられるか、取り壊されるかし、祖先祭祀を行うための建造物という性格は完全に失われた。共産党の幹部が出入りし、あるいは工場の労働者が作業するその建物は、共産党による新しい社会を象徴していた。

一九七〇年代の末から祠堂は修築あるいは再建されるようになるが、共産党は宗族へのネガティブな政策方針を転換してはいなかったから、その成否は海外に住む豊かな成員によるところが大きかった。善世堂の場合は、修築が首尾よくなされたわけではなかったが、それでも、祖先祭祀を行う建築物としての役割は取り戻した。二〇〇五年を過ぎる頃からは、伝統を再評価するという中央の政策を受けて、祠堂の価値も見直され、内外から新たに注目を集めるようになっている。

では、このように明らかになった祠堂の諸相を空間／場所論からはいかに捉えることができるか。祠堂は、常に村落の中にあり、そこでは一族の者たちが自らの祖先を祀り、あるいは人民公社時代には工場労働や、幹部たちが業務を行ってきた。それは、ローカルで、対面的な人間関係が繰り広げられる場所のように思われる。

しかし一方で、祠堂には常に、中央が発するイデオロギーや政策が投影されてもいた。そもそも祠堂の存立は、祖先を祭祀するという儒教のオーソドキシーを前提としているし、とりわけ珠江デルタの場合、村落社会へのその普及は中央での官職を経験した儒者官僚たちによって進められた。実際に祠堂の建設にイニシアティブをとったのも、S村陳氏の陳大有のように、やはり科挙に及第した官職経験者であり、一族内のエリートであった。一九四九年以降に目を向けると、祠堂の破壊や転用を進めたのは共産党の地方幹部たちであり、それは中国史上初めて末端の村落社会までを組み込んだ、共産党政府による新たな統治体系によって実現したのであった。さらに一九七〇年代の末以降に祠堂が再建されはじめるのも、中央の政策の転換を契機としてのことである。また、その再建の実行には、海外からの人的あるいは経済的なフローが大きな役割を果たしている。そして、ここ数年は、マスコミや歴史・写真愛好家ら、外部からの視線が注がれている。祠堂をめぐるアクターとファクターは、その建設の初期から、ローカルな関係性のみでは決して完結してはいない。こうして見てくると祠堂は、国家や、それと村との間を行き来するエリート、中央からの種々の政策とイデオロギー、それに最近では海外からのフロー、マスコミや外部からのまなざし等、脱領域的な混成の所産、すなわち空間なのである。

少なくとも祠堂の五〇〇年を追うことから言えるのは、そこには対面的な人間関係によって紡ぎ出される場所的な側面と、非対面的な諸要素の出入りによって構築される空間的な状況とが存在しているということである。すなわち、祠堂は冒頭で挙げた床呂［二〇〇六］の言うように、場所と空間とが相互補完しあいながら、あるいは河合［二〇一三］が表現したように、両者の相律によってかたちづくられている。誰にとっての、どの面を見るかによって、場所と空間のどちらがより前景してくるかが異なるということである。

おわりに

今一度繰り返せば、祠堂には場所と空間との相互補完性あるいは相律を見ることができる。そしてさらに付言すれば、同じことはそこに関わる人にも当てはまる。すなわち、二〇世紀以前にあっても村落社会に生きる人々の生は決してローカルな現場に限定されていたわけではない。同時に、今日においても、誰もが常に脱領域的でハイブリッドな日常に生きているわけでもない。さらに双方を跨境しながら生きる、例えば陳大有のような人物や、故郷と移住先とを行き来する華僑華人らも存在した／している。

よって、前近代の特質を場所に求め、そこからの空間の離脱にモダニティを見るギデンズ［一九九三］の論法は破綻を来すことになろう。そうすれば、必然的に彼の言うモダニティは再考が迫られる。紙幅が尽きたので、さらなる議論の展開はできないが、少なくとも言えるのは、人の生を場所と空間とに分類して認識するという枠組みと、それらを分析しようとする営為こそがモダニティの特徴の一つなのだろうということである。

註

（1）村の人口は、「居民」、すなわち農村戸籍ではない者も含めた数である。

引用文献

井上　徹　二〇〇〇『中国の宗族と国家の礼制—宗法主義の視点からの分析』東京：研文出版

二〇〇一「石頭霍氏—広東の郷紳の家」『名古屋大学東洋史研究報告』二五号　二〇〇—二三三頁

二〇〇二「魏校の淫祠破壊令—広東における民間信仰と儒教」『東方宗教』九九号　一—一七頁

二〇〇四「霍韜による宗法システムの構築—商業化・都市化・儒教化の潮流と宗族」『都市文化研究』三号　三四—五一頁

オジェ、マルク　二〇〇二『同時代世界の人類学』森山工訳　東京：藤原書店

科大衛・劉志偉　二〇〇〇「宗族与地方社会的国家認同—明清華南地区宗族発展的意識形態基礎」『歴史研究』二六五号　三—一四頁

加地伸行　二〇〇七『孝経　全訳註』東京：講談社

河合洋尚　二〇一三『景観人類学の課題—中国広州における都市環境の表象と再生』東京：風響社

ギデンズ、アンソニー　一九九三『近代とはいかなる時代か？—モダニティの帰結』松尾精文・小幡正敏訳　東京：而立書房

床呂郁哉　二〇〇六「変容する〈空間〉、再浮上する〈場所〉—モダニティの空間と人類学」西井凉子・田辺繁治（編）『社会空間の人類学—マテリアリティ・主体・モダニティ』、六五—九〇頁　京都：世界思想社

ルフェーヴル、アンリ　二〇〇〇　『空間の生産』斉藤日出治訳　東京：青木書店
山﨑孝史　二〇一〇　『政治・空間・場所—「政治の地理学」にむけて』京都：ナカニシヤ出版
Miller, Daniel and Don Slater　2000　*The Internet: An Ethnographic Approach*. Oxford; New York : Berg.
Tilley, Christopher　1994　*A Phenomenology of Landscape: Places, Paths and Monuments*. Oxford: Berg.

■論文

広州光孝寺六祖慧能碑と『六祖壇経』
——空間化されるテクスト——

齋藤　智寛

はじめに

中国禅宗第六祖とされる大鑑慧能《だいかんえのう》（六三八～七一三）は現在の広東省にあたる嶺南道《れいなんどう》に生まれ、活動した。そのため嶺南の比較的せまい範囲に慧能ゆかりの寺院が点在し、それぞれに語録の刊行、石碑の建立、堂宇の建設、真身像（ミイラ像）の保存などの活動を通じてみずからと慧能との関係を喧伝することとなった。本稿ではこうした嶺南の諸寺院における慧能顕彰活動の産物から、広州光孝寺《こうしゅうこうこうじ》の「祖師在法性古像《そしざいほっしょうこぞう》」を取り上げる。本像の検討を通じて、書物の内容を石碑に定着させる言わばテクストの空間化というべきいとなみを明らかにし、あわせて慧能顕彰運動において嶺南の諸寺院間にみられる協力および競争関係について論じたい。

一　「祖師在法性古像」の内容と図像の源流

1　賛について

広東における慧能ゆかりの寺院には、生誕かつ示寂の地である新州の国恩寺《こくおんじ》、剃髪受戒の地である広州の光孝寺（制止寺、法性寺）、住持説法の地である韶州の南華寺《なんかじ》の三か寺があるが、「祖師在法性古像」はそのうちの光孝寺に建てられた石碑である。以下、東北大学附属図書館所蔵の常盤大定《ときわだいじょう》旧蔵拓本を用いて考察を進めたい。

「古像」は『東北大学所蔵和漢書古典分類目録』子部・第九藝術《げいじゅつ》類・一〇拓本之属・雑刻類に常盤大定集「中国金石文拓本集」五六「広州光孝寺六祖在法性古像」として著録され、同人物像類にも重見する。拓本は巻軸装で拓面法量は一二三・〇×六五・〇センチ、軸の表には常盤大定自筆で「広州光孝寺六祖在法性古像　泰定甲子」と墨書される。石碑の内容は上部に題と賛、下部には僧侶の半身像を線刻している[1]（図1）。

原碑の所在については、宣統二年（一九一〇）刊『南海県志』巻十二・金石略には「光孝寺六祖殿内後壁左側に在り」と記されるが、常盤［一九三八］では大殿背後の大菩提樹のそば、瘞髪塔《えいはつとう》の近くと言い（六一七頁）（図2）、羅香林［一九六〇］もまた菩提樹と瘞髪塔の間に在りとして、民国二六年（一九三七）撮影の写真を収録する（七九頁、図片六頁）。谷口［一九八八］は「菩提樹の右背後にある「碑廊」の中に移置され、大きな硝子ケースの中に納められている」と報告し、寺院側から拓本を贈呈されたことも付記しているのだが、二〇〇八年の李仲偉『広州寺庵碑銘集』になると原碑は所在不明として一九四一年撮影の写真と『南海県志』所載録文の存在を記すのみである。なお、本碑の反面には達磨像が刻まれるが本稿では慧能像のみを考察する[2]。

図１　祖師在法性古像（図版出典は末尾に記載）

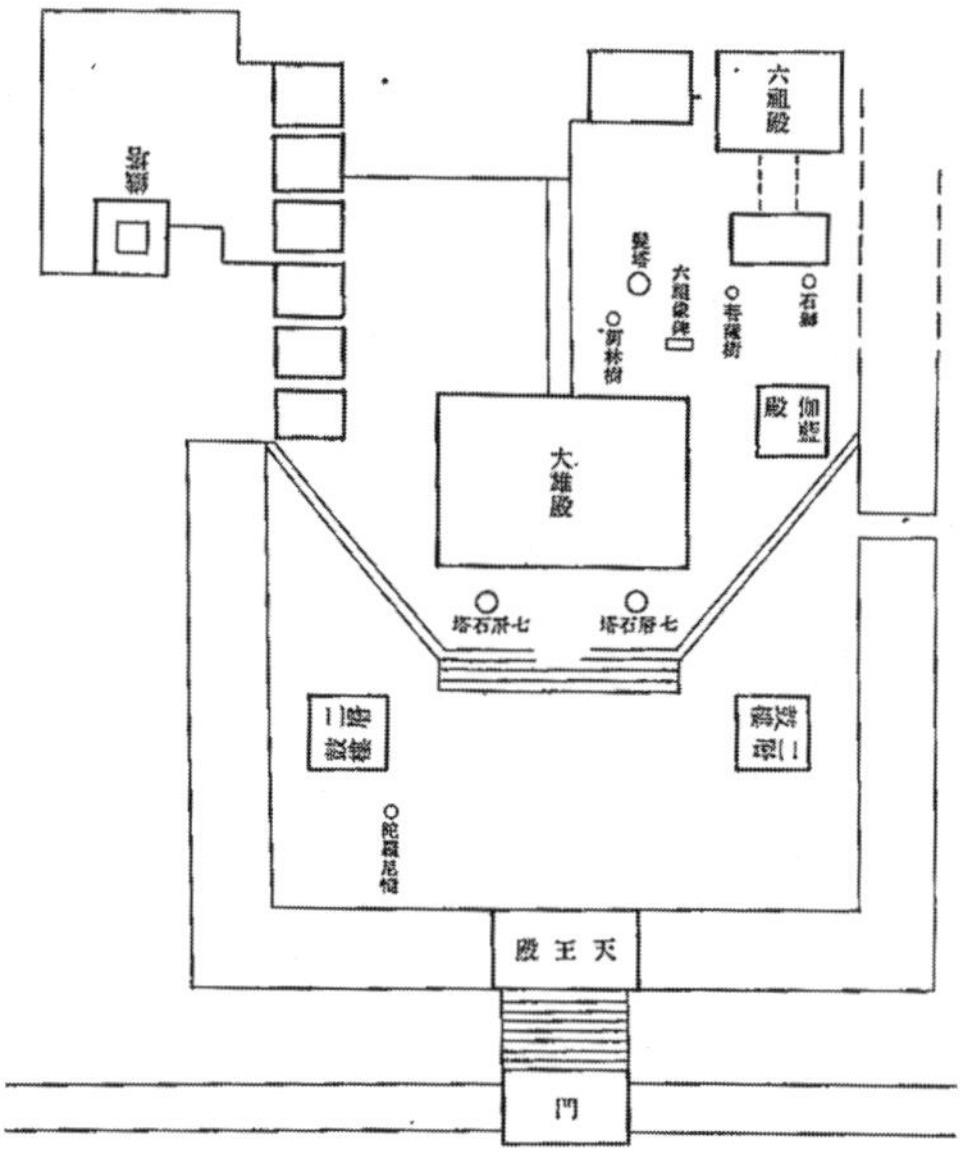

図２　光孝禅寺伽藍配置図

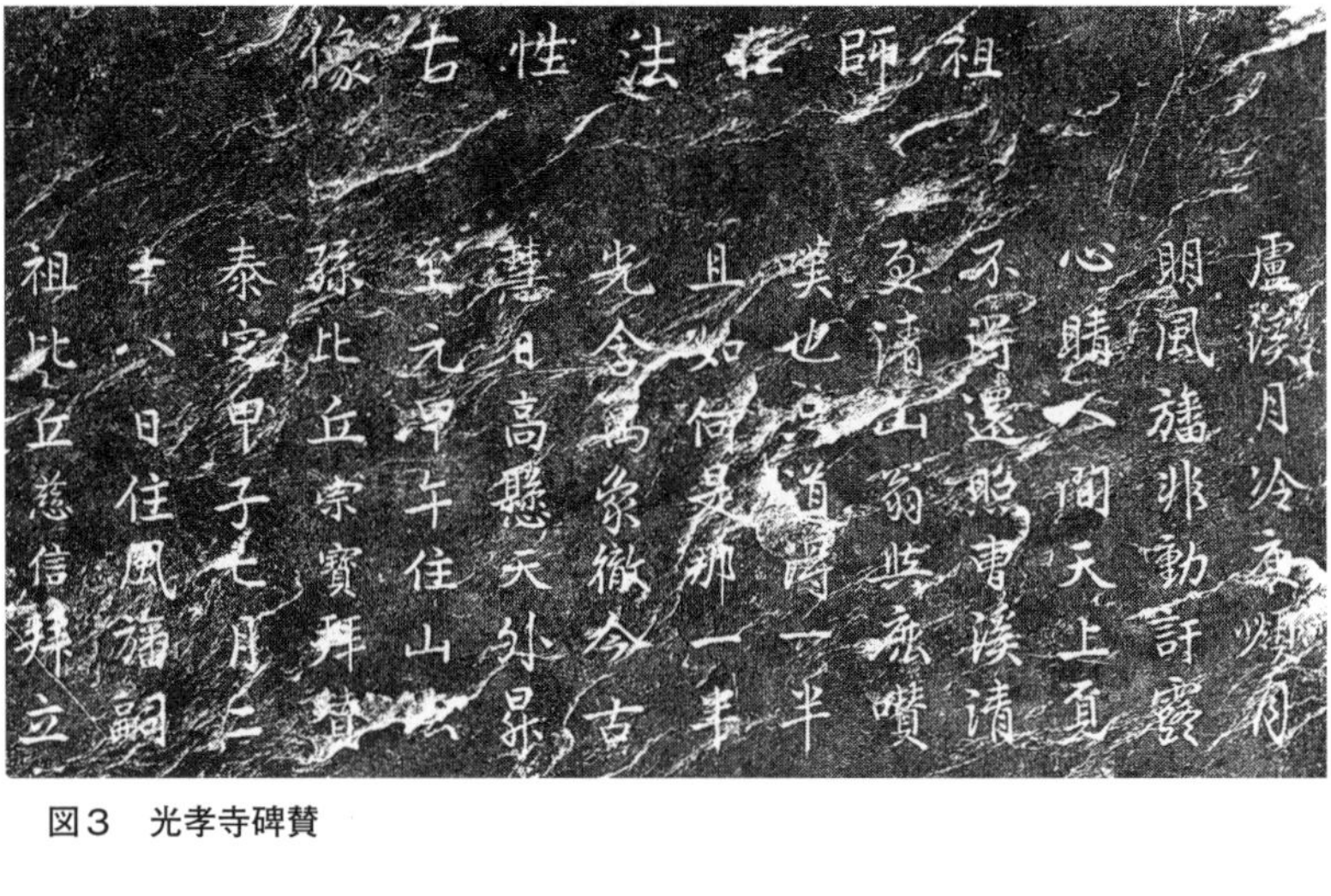

図３　光孝寺碑賛

以下、内容の考察に入るが、まずは題と賛を検討するために録文と日本語訳、および注釈を掲げる(3)（図3）。

【録文】

祖師在法性古像。盧溪月冷、庾嶺月明。風旛非動、許露心晴。人間天上覓不得、還照曹溪清更清。山翁与麼囋嘆、也只道得一半。且如何是那一半。光含万象徹今古、慧日高懸天外昇。至元甲午、住山法孫比丘宗宝拝賛。泰定甲子七月二十八日、住風旛嗣祖比丘慈信拝立。

【和訳】

「六祖慧能大師が法性寺にありし日の古いにすがた(i)」

盧溪《ろけい》に月は冴え、(ii)大庾嶺《だいゆれい》にも月は輝く。(iii)風も旗も動かず、露わにされた心は晴れやか。(iv)この月は人の世にも天上にも捉えることはできず、しかも曹溪《そうけい》を照らしてどこまでも清らかなのだ。(v)わたくし山翁《さんおう》がこのように讃嘆しても、(vi)やはり半分しか言い得ていない。さあ、かの残りの半分とは何か。月影は万象を含んで古今を照らし、智慧の太陽は高々と天のそのまた上にかがやくのだ。

元の至元三一年甲午（一二九四）、本寺住持である六祖の法孫、比丘宗宝《そうぼう》がつつしんで賛す。(vii)

元の泰定元年甲子（一三二四）七月二八日、風旛光孝寺の住持、六祖の法脈を嗣ぐ比丘慈信《じしん》がつつしんで碑を立てる。(viii)

【附註】

（i）光孝寺の寺号は、唐代には法性寺であった。『光孝寺志』巻二・建置志参照。宗宝本《そうほうぼん》『六祖壇経《ろくそだんきょう》』でも、「法性寺」の名で記されている。なおこれ以後、慧能の事跡は宗宝本『壇経』の記述による。

（ii）廬渓は、慧能の生地かつ入寂の地である新州を流れる川。『輿地紀勝《よちきしょう》』広南東路・新州に「廬渓水」あり、「六祖は姓盧、故に以って命名す」という。慧能はここで人の誦える『金剛般若経《こんごうはんにゃきょう》』を聞いて発心している。

（iii）庾嶺は大庾嶺であろう。五祖弘忍《ごそこうにん》より後継者にみとめられ南方に逃げる慧能が、かれを追ってきた慧明《えみょう》に「善を思わず、悪を思わず、正に与麼《よも》の時、那箇《いずれ》か是れ明上座本来の面目なるや」と問いかけた場所。

（iv）法性寺をおとずれた慧能は、幟がはためくのは風が動くのか幟が動くのかと議論する僧たちに対して「是れ風の動くにあらず、是れ旛《はた》の動くにあらず、仁者《にんしゃ》の心動くなり」と告げたという。

（v）曹渓は、慧能の住持説法した宝林寺（南華寺）のある土地。

（vi）『光孝寺志』巻六・法系志・歴代住持四二人に「元成宗朝　山翁　無禅　慈信」とある。

（vii）宗宝本『壇経』巻首に「風旛報恩光孝禅寺住持嗣祖比丘宗宝編」とあり、[4] また跋には「至元辛卯夏、南海釈宗宝跋」と記してあって、至元年間に光孝寺の住持であった人物であることがわかる。至元二八年辛卯（一二九一）は世祖の年号だが三年後には成宗が即位するから、山翁と宗宝は同一人物と見てさしつかえないだろう。

（viii）前掲附註（vi）参照。山翁宗宝から二代後の光孝寺住職。

この賛には地名や「風旛」の公案など慧能にまつわる単語がちりばめられており、題名の「祖師」が六祖慧能を指すことはうたがいない。慧能像を賛するにあたって、宗宝は慧能の一生をつらぬく智慧の光をうたいあげる。この賛においては、慧能の言葉がすべて本来心のかがやきを説くものと理解される。大庾嶺からはあらゆる思念が生ずる以前の本来の面目たる心が連想され、風旛の公案は、千変万化する外界をつくりだす霊妙な心を体得することにほかならないと解されているのだろう。そのように外境の束縛を離れ、あらゆる念慮以前に体得された本来心にこそ、肉身に制約されずしかも現実世界に応ずる智慧がはたらくのである。

かく祖師を讃えた宗宝は、しかしそれでは半分しか言い得ていないのだとただちに付け加える。右の認識でさえ、慧能という一人の人生、かれの生きた嶺南という土地の痕跡をのこしている。慧能の真面目は時空の限定を完全に離れているのだと、宗宝は本像を見る者に改めて告げる。無論、それは慧能像に向き合う修行者自身の本来心でもある。『壇経』には、五祖弘忍門下において壁に「楞伽経変相《りょうがきょうへんそう》」と「五祖血脈図《ごそけちみゃくず》」を描く計画をとりやめ、代わりに神秀《じんしゅう》の偈を残したという挿話が記され、祖師像を崇拝するよりは教えに従って修行するのがよいという見解が示される。宗宝の賛は、像を見る人々に対して仏道の本義をわすれぬよう戒める内容を持っていると言える。「且《そもそ》も如何《いか》なるか是れ那《か》の一半？」という問いかけは、あるいは像の開眼供養などのおりに実際に参会者に呼びかけた言葉であったのかも知れない。

賛の後に記された紀年を見ると、宗宝の賛と慈信の立碑には三十年の開きがある。本像はもともと紙本か絹本であったのを、後の住持である慈信があらためて石碑に刻むこととしたのであろう。賛の註(vii)に示したように宗宝はこの賛を撰する三年前に『壇経』を再編再刊しており、慧能像の作成はそれにつづく祖師顕彰活動と位置づけられる。また慈信に関しては、『光孝寺志』巻二・建置志の「東鉄塔」「西鉄塔」「大悲幢」について泰定元年に慈信が修治したことが記されており、慧能碑の建立も一連の伽藍整備事業の流れでおこなわれたことが知られる。

2　図像の源流について

次に図像部分の成り立ちとその意義をかんがえてみたい。まず指摘したいのは、本像に酷似した図様の遺品が南宋時代の慧能像の中に見出せることである。その一つは、慧能が住持した宝林寺の後身である南華寺の像で、南宋淳熙十五年（一一八八）に仏照徳光《ぶっしょうとっこう》（一一二一〜一二〇三）の賛とともに石碑に刻まれている（図4）。いま一つは、日本福岡県の聖福寺《しょうふくじ》所蔵の頂相《ちんぞう》で、(5) 無垢居士《むくこじ》張九成《ちょうきゅうせい》（一〇九二〜一一五九）のものとされる賛と、華蔵宗演《けぞうそうえん》が慶元四年戊午（一一九八）に記した識語とをともなうものである（図5）。この二像がおそらくは光孝寺像の源流、あるいは源流をおなじくする図像とおもわれる。南華寺像との類似は谷口［一九八八］がすでに指摘しているが、本稿ではさらに聖福寺像も加えて改めて検討してみたい。

これら三像を並べてみると、一見して構図、全体の輪郭、ポーズなどの共通性が感じられる。さらに面貌を観察すると眉毛の曲線や落ちくぼんだ目、ややこけた頬、大きく厚い口の表現が一致する（図6）。なかでも唇については、聖福寺像の賛が「看渠面、嘴大似三家村裏田舎児。而其用処、猶如烏風黒雨、天雷閃電……（かれの面構えを見ると、まるで人家もまばらな田舎の男のように口が大きい。だがそれが言葉を発するや、あたかも荒れ狂う風雨、天をつんざく雷電のよう……）」と記し、谷口［一九八八］は南華寺像と光孝寺像について「口唇も、ともに厚くて左右に異常なほどに広く、尋常でない相を語っている」（九四頁）と指摘しており、三像に共通する大きな特徴と言ってよいであろう。光孝寺像はほかの二像にある頭巾がないものの、三像が同系統の像であることはうたがいない。また大きさをみても、光孝寺像の人物部分は高さ六六・〇センチ、南華寺像は東北大所蔵拓本で計測すれば拓面一二二・二×六〇・六センチ、人物高さ六七・四センチ、聖福寺像は人物部分の高さが不明であるが、作品全体の大きさは『聖福寺収蔵品目録』および『聖福寺主要図録』によれば一一五・六×七二・六センチであって、三像はほぼ同一であることが指摘できる。

図４　韶州南華寺六祖像

図５　聖福寺六祖慧能像

図６　三像面相部比較

3　三像の成立事情について

　次にふたたび賛や識語にもどって、三像それぞれの成立と相互の関係について考察してみたい。まず聖福寺像については、識語の年代が賛の作者とされる張九成の没後三十九年をへだてており、画、賛、識語三者の関係が確定しがたい。この賛は張九成の文集『横浦集《おうほしゅう》』には見えず、古月道融《こげつどうゆう》の『叢林盛事《そうりんせいじ》』巻下にほぼ同文が無垢居士すなわち張九成の語として収録されているものの、慧能像の賛であることが明言されずしかも冒頭の「達磨西来、逓相倣大」八字を欠いており（卍続蔵一四八、八三下～八四上）(6)、真作と断定するには不審点が多い。

　しかし慶元三年すなわち聖福寺像識語の一年前に書かれた『叢林盛事』道融自序によれば、道融は本書を仏照徳光に献呈しており(7)、しかも慶元五年己未の刊行にあたっては華蔵宗演が跋文を附している。道融、徳光、宗演はともに大慧宗杲《だいえそうこう》（一〇八九～一一六三）の門人であって、本書の編纂と刊行は大慧門下の協働によってなされており、うち二人は慧能像にも関係を持っていることとなる。また聖福寺像の識語には「無垢の此の賛、祖師の敗缺を洞見し」云々とあり、宗演は賛が無垢居士作であることを疑っていない。張九成は大慧と密接な交流があった人物であるから(8)、大慧門下には彼に関する逸話や彼の作とされる詩文がさまざまなかたちで伝承されており、それが『叢林盛事』や聖福寺本慧能像に採用されたのであろう。この賛が張九成の作であることは、ひとまず認めてよいと思われる。

　ただし、聖福寺像賛が彼の肉筆であるか否かはまた別問題であろう。賛語の前に「六祖大鑑禅師賛／無垢居士張□成」と記されるのは画賛としては不自然であり、賛を模写した人物の加筆を思わしめる(9)。もし画、賛、識語の三者の時期がさほど離れていないとすれば、本像の描かれた時期は識語が書かれた慶元四年により近く南華寺像に遅れる可能性もあるだろう(10)。もっとも、この賛が聖福寺像と同一か少なくともそれとそっくりな図様の慧能像を対象としていることは、前節でみた唇の描写への言及から明らかである。おそらく、聖福寺像および南華寺像に共通の粉本が張九成の生きた南宋初までには流通しており、寧宗朝の華蔵宗演の周辺において、張九成賛とともに模写されたのであろう。

一方の南華寺像については、さいわいにして碑上部の賛に建碑の経緯が明らかである。左に、東北大学所蔵の常盤大定旧蔵拓本をもとに録文を作成し日本語訳を附すこととする。(11)

【録文】

南華寺僧了暉持大鑑祖師遺像命賛、且欲鐫石流伝不朽云。淳熙戊申仲秋朔、住阿育王山十八世、法孫比丘徳光稽首。非風幡動露全機、千古叢林起是非。咄這新州売柴漢、得便宜是落便宜。(12)

【和訳】

南華寺の僧・了暉《りょうき》が大鑑慧能祖師の像を持ってきて賛を求め、しかも石に彫って永遠に伝え広めたいのだという。淳熙十五年戊申（一一八八）仲秋の八月一日、阿育王山十八世の住持、慧能の法孫たる比丘徳光が頭を垂れてしるす。「〈風も幡も動かない〉このひとことが祖師の機用をそっくり丸出しにするや、禅林は一千年来、喧々諤々の大騒ぎ。こらっ、この新州の薪売りめが！　上手いことやったつもりの、そこがまさに落とし穴！」。

宗宝の賛が像を見る者への静かな呼びかけであったのに対し、徳光の賛は歯切れのよい言葉で慧能の名問答を賞賛し、同時にそれが後世の修行者たちを繋縛する教条ともなったことを罵倒する。もちろん罵声の裏には、言葉を用いて人々を教導せざるを得ないことの苦渋が慧能と共有されているのだろう。賛の前に附された小文からは、本像は光孝寺碑とおなじく紙か絹に描かれていた絵画を石に刻んだものであることが知られる。この立碑事業にあたっては、南華寺の了暉なる者が慧能像を持参して阿育王山を訪れ徳光に賛を依頼したのだという。

本題の光孝寺像とそれに先立つ二像との関係は明らかにしがたいが、おそらくは南華寺像を直接の粉本としたのであろう。地理的に南華寺の方がはるかに近く、両寺の間には一定の人的交流があったからである。宗宝の『壇経』跋によれば、かれは自身の再編した『壇経』を按察使《あんさつし》の雲従竜《うんじゅうりゅう》なる人物に見せ、これこそ『壇経』の集大成であってぜひとも出版すべきであると言わせている[13]。この跋は「至元辛卯」すなわち至元二八年に記されているが、同じ年の秋八月、雲従竜は南華寺のために「古衲和尚舎利塔記《このうおしょうしゃりとうき》」を書いており(『曹溪通志』巻五・塔記類)、両寺は共通の外護者を持っていたことになる。さらに「古衲和尚舎利塔記」に記される古衲和尚いみなは祖宗《そそう》は、「韶の華厳院に祝髪し、法は風幡に嗣ぐの僧」、つまり南華寺のある韶州で出家したのち風幡すなわち光孝寺で大悟嗣法し、さらに月華寺、大鑑寺を経て南華寺住職の任についた人物なのである。こうした人々の移動とともに両寺の情報が交換されており、南華寺の慧能像やその石碑の存在もまた光孝寺に知られていたのだろう。しかし宗宝は、南華寺像をそのまま模写することもいさぎよしとしなかった。ではいよいよ次章において、光孝寺像の意義を明らかにしてみたい。

二　「祖師在法性古像」と宗宝本『六祖壇経』

「祖師在法性古像」は南華寺碑と比較して描線が単調になり、袈裟は細かな模様が省略され田部と条部の境界も曖昧になっているなど、全体につたない印象を受ける。またこめかみの上あたりが左右に張り出すのは、南華寺像における頭巾の輪郭を頭そのものの輪郭として理解したための不自然であろうし、谷口［一九八八］も指摘するように、右襟が衣から浮いたような奇妙な表現になっているのも帽子の領布《ひれ》に隠されていた部分を描いた際の苦心の跡であろう。これらのことは、本像が南華寺像にもとづく後発の像であることを如実に示す事実とおもわれる。そしてより大きな相違点として、すでに述べたように帽子がないこと、袈裟の肩紐がきわめて精緻に描かれていることが指摘できる。また、胸部に鎖骨と肋骨が書き加えられていることも見逃せないちがいである。

まず有帽と無帽のちがいについて考えてみると、南華寺像のかぶる帽子は菩提達磨像や天台智顗像によく見るものと同形式なもので（図7・8）、したがって習禅者としての性格を強調した像ということになるだろう。それに対して光孝寺像は出家者としての頭を露出させており、より標準的な僧侶の肖像を作成しようという意志がまずは感じられる。だが、光孝寺像の意図はおそらくはそこにとどまらない。碑の上部に刻まれる「祖師在法性古像」という題字からすれば、本像は法性寺（光孝寺）をおとずれた際の慧能を描いているはずなのである。

宗宝が再編した『壇経』によれば、一介の寺男として法性寺にあらわれ第一章に既出の風幡問答を繰り広げた慧能は、印宗法師《いんそうほっし》と次のような対話をしている。

宗云、「行者定非常人。久聞黄梅衣法南来、莫是行者否」。恵能曰、「不敢」。宗於是作礼、請伝来衣鉢出示大衆。
（印宗は言う、「行者《あんじゃ》どのはきっと只者ではありますまい。黄梅山にいます五祖弘忍禅師の衣と仏法が南方へやって来たと聞き及んでおりましたが、もしや行者どののことではありませんか？」わたしは言う「恥ずかしながら」。印宗はそこで礼拝し、五祖から伝えられた衣と鉢を人々に示してくれるよう請いねがった。）

（宗宝本『壇経』行由第一、大正蔵四八、三四九下）

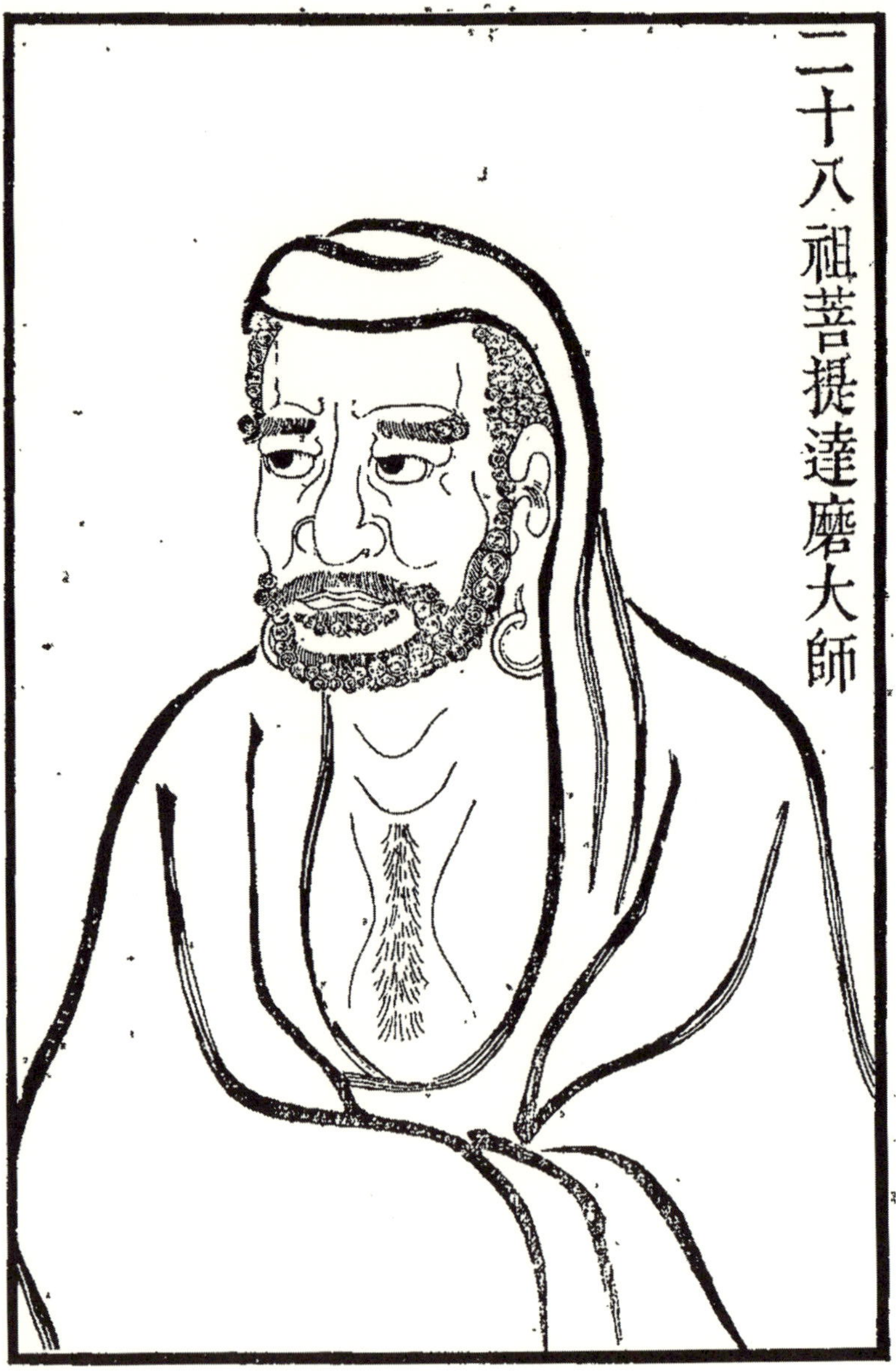

図７　菩提達磨像　仏祖道影

図８　天台大師像　滋賀　延暦寺

ついで印宗は慧能に説法を要請し、聴き終えたかれは「恵能の為めに髪を剃り、事《つか》えて師と為すを願う」と『壇経』は記す（大正蔵四八、三四九下～三五〇上）。「祖師在法性古像」の図様は、この一連の場面を描いたものとおもわれる。頭巾をつけないのは今しも剃髪したばかりの頭を露出しているのだし、袈裟の肩紐が写実的に表現されるのは、光孝寺での慧能を描くにあたっては印宗らの前に示した弘忍直伝の袈裟はぜひとも入念な描写が必要であったからであろう。

次にあばら骨が浮くほど痩せている理由であるが、これは法性寺にやって来る直前の慧能が猟師とともにあって菜食をつらぬいていたという宗宝本『壇経』の記事によるのではないだろうか。

又被悪人尋逐、乃於四会、避難猟人隊中、凡経一十五載……毎至飯時、以菜寄煮肉鍋、或問則対曰、「但喫肉辺菜」

（また悪人に追われて、四会県で猟師の集団の中に難を避け、十五年を経た……食事の時には、肉を煮る鍋に山菜を入れ、不審に思う者がいれば「ただ肉の周りの山菜を食べているだけだ」と答えた。）

（宗宝本『壇経』行由第一、大正蔵四八、三四九下）

弘忍のもとを辞した慧能は十五年にわたる山中隠棲の中で、肉料理に混ぜたわずかな野草や山菜のたぐいで命をつないでいた。光孝寺像のような様式化した鎖骨と肋骨の表現は、つとに敦煌莫高窟《とんこうばっこうくつ》第四一九窟の摩訶迦葉《まかかしょう》像（隋）にも見られる（図9）。迦葉は仏弟子の中で頭陀行第一として知られるが、十二頭陀行には乞食や食事時間の制限など食事に関する規定が含まれており、浮き出た骨は粗食をはじめとした過酷な修行の表現であることがわかる。顔や首の皺は南華寺像から継承した表現であるが、光孝寺像はこれにも「肉辺菜」のみを食べ続けた結果という意味づけを与えているのではないだろうか。

このように、光孝寺像および賛で新たに付け加えられた要素はそれぞれ光孝寺（法性寺）における慧能の事跡を描き出したものである。『壇経』諸本において、これら山中での菜食、法性寺での風幡問答、袈裟の提示および剃髪という四つの要素が出そろうのは、徳異本とその一年後に編まれた宗宝本が最初である。宗宝は元代に確立した新しい慧能伝の光孝寺に関わる場面をすべて自身による再編本『壇経』に収録し、三年後の図像にも反映させたのである。

図９　摩訶迦葉像

これら一連の行動から浮かび上がるのは、一寺をあずかる住持としての宗宝の用心であろう。宗宝は『壇経』の再編にあたり従来の三本を対校するという慎重な態度をみせつつ、「弟子の請益機縁《しんえききえん》を増入」するなど「学者が曹溪の旨を得尽く」すことができると自負し、人にも「『壇経』の大全」と言わしめるだけの増広改編にも努力した。[14]『壇経』の主要部分は、韶州大梵寺と宝林寺（南華寺）における説法である。北宋の郎簡「六祖法宝記叙」が契嵩《かいすう》校訂本『壇経』について「嵩、果たして曹渓古本を得て之を校し、三巻を勒成す。粲然として皆な六祖の言、復《ま》た謬妄ならず」（『鐔津文集』十二）と讃えるのは、曹渓南華寺の伝本はかならずや古形を伝える正統なテクストであるという期待があってのことであろう。こうした状況にあって、宗宝は光孝寺にこそ六祖のすべてが存することをねがったにちがいない。

また、先に推定したように光孝寺像が南華寺碑を粉本にしていたとすれば、その理由の一つには慧能の真身（ミイラ像）をまつる南華寺に刻まれた肖像こそ祖師の真を写しているという通念があったであろうとおもわれる。しかし宗宝は光孝寺の独自性を加えることを、ここでも忘れなかった。自身が編纂した『壇経』の新本にもとづき、かつて光孝寺に姿を現した祖師の風韻をあますところなく再現しようとしたのである。あるいは、南華寺像を意識したのではなく南宋初には確立していた慧能像の標準に従ったのかもしれない。しかしいずれにせよ宗宝は、すでに確立した権威ないし標準によりつつ、しかも自らの住持する寺院の特殊な伝統を内外に宣揚しようと腐心していたということになろう。

その一方で彼が祖師像につけた賛は、寺僧らが祖師とふかい因縁をもつ寺の栄光に酔うのをいましめるかのような内容であった。『壇経』の跋においても、「文字を立てず、直《じき》に人心を指し、性を見、仏と成る」という達磨禅の本旨からすれば本書の刊行も無意味なのではという批判を想定し、この『壇経』はただの文字ではなく、まさに人心を指し示す指なのだと答えている[15]。裏をかえせば、やはり『壇経』は指にすぎず目標はその先の心性にあるのだとみとめているわけである。ここには、方便と第一義、組織の長としての任務と禅師としての使命との葛藤が看取できる。

おわりに

ここまで論じてきたことの意味を、空間という観点からいま一度かんがえてみたい。光孝寺において行われたことは、書物という媒体に記された内容を絵画の上に描き出し、さらにそれを石碑として定着させることであった。文字や絵画を石に刻む目的は、南華寺像の賛で徳光が言うように永続的な保存であるとひとまずは理解できる。しかし石碑には、それが特定の場に建てられるという特性もある。寺院の境内に建てられた石碑はその存在感によって空間に意味づけをおこない、見る者に場の歴史や記憶を思い起こさせる作用を期待されているだろう。最終的に「流伝して朽ちざる」ことを願われているのは、慧能の肖像そのものではなくそれが語りつづけるはずの寺院の栄光とも言えよう。

「祖師在法性古像」の表面は黒く汚れ、建碑以来おおくの僧俗が拓本を採ってきたことを物語っている（図10）。石碑は場に固定される一方で、拓本という複製品を拡散させる性質も持っている。だが、拓本は見る者に原碑の存在を予想させるはずである。参詣者が拓本として持ち帰る慧能像はただの慧能像ではない、光孝寺で剃髪した慧能であり南華寺で説法する慧能なのである。とすれば拓本が拡散するのは、それを見る者が思い起こすはずの原碑の建つ空間にまつわる物語の全体なのではないか。光孝寺での慧能を描いた像をさらに石に刻んだ慈信の企ては、石碑という媒体の特徴を最大限に発揮する行為であったと言えるだろう。前述のように中華民国期の光孝寺では、慧能の剃髪した

図10　光孝寺六祖像碑

髪を埋めたという瘞髪塔と菩提樹との間にこの碑を置いている（図2）。宗宝本『壇経』によれば、弘忍直伝の衣を示し、剃髪を終えた慧能は菩提樹の下で弘忍の教えを開示している。[16]六祖殿よりこの場所に碑を移設した人びとは、光孝寺で今しも出家、説法した慧能の像を、一連の出来事が発生したまさにその場所に据えようとしたのだと思われる。

明嘉靖二一年（一五四二）、南華寺は「御製六祖壇経法宝序」碑を建立し、[17]清代刊行の『壇経』のうち曹渓の弟子を名乗る王起隆らの刊行したいわゆるの曹渓原本や、真樸重梓本は巻頭にこの御製序をかかげる。[18]「曹渓原本」の縁起や跋は口をきわめて宗宝本をののしっており、真樸は南華寺志である『曹渓通志』の編纂者でもある。慧能をめぐる二つの媒体、二つの聖地の相互作用は、二度の王朝交替を経てなお止むことがなかった。

註

（1）本碑拓本の写真は、常盤氏採拓のものが『支那文化史蹟』三、齋藤［二〇一一］、大野ほか［二〇一三］に収録されており、また佐藤［一九五九］の裏表紙、羅香林［一九六〇］、谷口［一九八八］、『広州寺庵碑銘集』にも掲載されている。

（2）達磨像に記された賛の撰者、立碑者の名およびそれぞれの年代は慧能像と同じである。『光孝寺志』巻三・古蹟志「達磨井」条には、達磨が光孝寺をおとずれたという伝説が記されている。

（3）本碑の翻刻は［宣統］『南海県志』、『支那文化史蹟』解説第三巻、羅香林［一九六〇］、谷口［一九八八］、『広州寺庵碑銘集』）でもこころみられているが、文字と句読にそれぞれ小異がある。

（4）大正蔵四八、三四七下。ただし万治二年刊本（大正蔵校勘記による）や『六祖壇経諸本集成』所収「流布本」は宗宝本系だが、この十七字が無い。

(5)『聖福寺収蔵品目録』によれば、一九八六年現在で奈良国立博物館に寄託中。

(6)卍続蔵校勘記は「〈此の老〉以下は張九成 六祖を賛うるの語なり。吾が邦の禅刹 之を蔵す。其の語に曰く……」として「達磨西来」に始まる賛語を録する。この「吾邦禅刹」の像とは聖福寺本か、その模写とされる大徳寺真珠庵本のことであろう。

(7)書 成り、将って鄮峰の仏照老人に呈するに、見て之を悦び、侍僧道権に謂いて曰く、「此れ真に吾が門の盛事なり。胡ぞ木に刊して以って後世に伝えざらんや」と。因りて『叢林盛事』を以って之に目づく（卍続蔵一四八、五二上）。

(8)華蔵宗演校訂『大慧普覚禅師年譜』にしばしば張九成との交流が見え、同『年譜』紹興十一年辛酉条や『宋史』三七四・張九成伝によれば、張九成と大慧はともに、秦檜により朝政を誹謗した罪を着せられ流謫されている。また『大慧普覚禅師語録』巻二九（いわゆる「大慧書」）には、「答張侍郎（子韶）」として張九成（字子韶）への書簡が収録される。

(9)胡建明［二〇〇七］の図版によれば、真珠庵本は賛の前に「六祖大鑑禅師」、後に「無垢居士賛」と記しており、聖福寺本とは異なる（八八頁、図一四）。これは二本のどちらかあるいは両方が原本に改変を加えていることを示すだろう。

(10)『禅の美術』解説は本像について「伝模の作」と評し、宗演の識語が「本図の制作年代を推定させる」と述べており（二五九頁）、拙稿はこの説にしたがう。胡建明［二〇〇七］は胡氏の「実感」と識語の内容を根拠に「賛文も張九成の肉筆に間違いない」（八六頁）とするが、識語は張九成作文の根拠にはなっても、肉筆か否かについてはむしろ疑念を抱かしめる資料であること、拙稿本文が論ずる通りである。

(11)『中国金石文拓本集』五四「韶州南華寺六祖像」。大野ほか［二〇一三］に彩色図版が収録されている。

(12)〔元〕普会『禅宗頌古聯珠通集』巻七に、「仏照光」の作としてこの賛とほぼ同文を収録する。ただし画像への賛ではなく風幡問答に対する頌古とみなされており、普会が何にもとづいたかは不詳（卍続蔵一一五、七八下）。

(13)按察使雲公従竜、深造此道、一日過山房、睹余所編、謂「得『壇経』之大全」、慨然命工鋟梓、顓為流通、使曹溪一派不至断絶。（宗宝本『壇経』跋、大正蔵四八、三六四下）

(14)余初入道、有感於斯、続見三本不同、互有得失、其板亦已漫滅。因取其本校讎、訛者正之、略者詳之、復増入弟子請益機縁。庶幾学者得尽曹溪之旨（宗宝本『壇経』跋、大正蔵四八、三六四下）。また、註(13)参照。

(15)或曰、「達磨不立文字、直指人心、見性成仏。盧祖六葉正伝、又安用是文字哉」。余曰、「此経非文字也。達磨単伝直指之指也。南岳・青原諸大老、嘗因是指以明其心、復以之明馬祖・石頭諸子之心。今之禅宗流布天下、皆本是指、而今而後、豈無因是指、而明心見性者耶」（宗宝本『壇経』跋、大正蔵四八、三六四下～三六五上）。

(16)宗於是作礼、告請伝来衣鉢出示大衆……於是為恵能剃髪、願事為師。恵能遂於菩提樹下、開東山法門（『大正蔵』四八、三四九下～三五〇上）。

(17)東北大学附属図書館所蔵『中国金石文拓本集』一八「明成化御製六祖壇経法宝序」。大野ほか［二〇一三］に彩色図版が収録されている。本碑が南華寺に建てられていたことは、常盤［一九三八］六二七頁、『支那文化史蹟』および同『解説』三のほか、『曹溪通志』巻二・建制規模第二「御碑亭」条、同巻三・王臣外護第七「御製壇経法宝序」条を参照。

(18)両本とも『六祖壇経諸本集成』に収録される。真樸重梓本が宗宝本とは別系統であることは、中嶋［二〇〇三］を参照。

引用資料

［南宋］王象之『輿地紀勝』（江蘇広陵古籍刻印社、一九九一年）
［北宋］契嵩『鐔津文集』（四部叢刊三編、上海書店一九八六年、拠商務印書館一九三六年版重印）
［清］顧光『光孝寺志』（『中国仏寺志叢刊』一一三、江蘇広陵古籍刻印社、一九九六年）
［清］鄭棻『（宣統）南海県志』（『中国方志叢書・華南地方』一八一、成文出版社、一九七四年）
［清］馬元・釈真樸『重修曹溪通志』（新文豊出版公司、一九八七年）
柳田聖山『禅学叢書之七　六祖壇経諸本集成』（中文出版社、一九七六年）
李仲偉・林子雄・崔志民編『広州寺庵碑銘集』（広東人民出版社、二〇〇八年）
※ほか、「大正蔵」は『大正新脩大蔵経』、「卍続蔵」は新文豊出版洋装本『新編卍続蔵経』のことである。

参考文献

大野晃嗣・齋藤智寛・陳青・渡辺健哉編　二〇一三『東北大学附属図書館蔵中国金石文拓本集　附：関連資料』非売品
胡建明　二〇〇七『中国宋代禅林高僧墨蹟の研究』春秋社
齋藤智寛　二〇一一「石碑拓本の世界」『まなびの杜』五五
佐藤泰舜　一九五九『南支の禅蹟を探る』古径荘
常盤大定　一九三八『支那仏教史蹟踏査記』竜吟社
谷口鉄雄　一九八八「広東の六祖慧能石刻像について—曹溪の南華寺と広州の光孝寺—」『仏教藝術』一七八
東北大学附属図書館　一九七五『東北大学所蔵和漢書古典分類目録』

中嶋隆藏　二〇〇三「徳清勘校六祖壇経」『曹溪：禅研究』三、中国社会科学出版社
福岡市教育委員会　一九八六『福岡市文化財調査目録1　聖福寺収蔵品目録』
羅香林　一九六〇『唐代光孝寺与中印交通之関係』中国学社

図版出典

図1・3・4・6　大野晃嗣氏（東北大学文学研究科）撮影
図2　常盤大定『支那仏教史蹟記念集評解』（仏教史蹟研究会、一九三一年）
図5　京都国立博物館『禅の美術』（法蔵館、一九八三年）
図6　聖福寺『聖福寺主要図録』（西日本新聞社、一九九五年）
図7　虚雲重訂『増訂仏祖道影』（新文豊出版、一九七五年）
図8　東京国立博物館ほか『比叡山と天台の美術』（朝日新聞社、一九八六年）
図9　敦煌研究院『中国美術全集　彫塑編7　敦煌彩塑』（上海人民美術出版社、一九八七年）
図10　常盤大定『支那文化史蹟』三（法蔵館、一九三九年）
※図10は国立国会図書館デジタル化資料（http://dl.ndl.go.jp/）で公開されている画像を用いた。

［付記1］　本稿は、第四回空間史学研究会（二〇一一年一二月一日、東北大学）と、SENDAI漢籍SEMINAR「東北大学における漢学」（二〇一二年三月九日、東北大学）における口頭発表にもとづくものである。当日参会の各位より賜った貴重なご指教に御礼申し上げる。また、本研究は東北大学総長裁量経費・若手研究者萌芽研究育成プログラム

「東北大学附属図書館蔵の拓本資料の基礎的研究」（二〇〇九〜二〇一一年度）による拓本整理作業の中で着想を得たものである。この場を借りて関係各位、特に大野晃嗣氏と渡辺健哉氏（東北大学文学研究科専門研究員）に感謝の意を表したい。

［付記2］　本研究は日本学術振興会科学研究費助成金基盤研究（B）（課題番号22320068　代表：佐竹保子）による成果の一部である。

■論文

ベトナム北部村落の寺廟と祭祀空間

大山　亜紀子

はじめに

一〇世紀に中国からの独立を果たしたベトナム王朝は、王族の熱心な仏教信仰を背景に政権の安定をはかっていった。しかし、儒教思想に基づく封建的な家族制度や官僚制の普及により、一四世紀頃には中国式の集権国家を確立させたため、ベトナム王朝における仏教の政治的役割は儒教の台頭とともに失われてゆく。他方で仏教は、儒教、道教、祖先信仰などを混在させながら村落における信仰の中核として大衆化していった。

とくに、一五世紀から一七世紀末は、中南部に版図を拡大したベトナム王朝が、交易の振興で経済的繁栄を獲得した時代である。村落においては手工業や産業が発達し、社寺などの整備が進んだ。村の共有財産として管理された仏教寺院（チュアChùa）や村落守護神をまつる集会所（ディンĐình）は、同族集団の意識を高める祭礼の場をになった。ベトナム北部の村落は「王法も村の垣根まで」という諺にあるとおり、独自の統治システムをもつ自立性の高いベトナム社会の基本単位へと発展し、一七世紀の北部地域における村落共同体の成長と仏教信仰の大衆化は、村落の象徴である仏教寺院の再興やディンの大規模化を促した。

ベトナム北部に現存する仏教寺院は、上殿という小規模仏堂に礼堂を接続した複合社殿のような形式が基本で、それらに回廊や門などを連結した小空間の集合体である。これに対する集会所ディンは、単独の大規模な本殿を基本としている。両者の建築構成は北部地域の伝統的形式として認識されてきたが、その成立過程については言及されてこなかった。筆者はそうした背景を踏まえて、現地調査の成果をもとに伽藍を構成する各種建物の成立年代を検証し、現存伽藍の変遷について考察を進めてきたが、それらはあくまでも平面や架構の形式分類にもとづくものであった。

そこで、本稿では「空間」というあらたな視点から、これまで得られた知見を手がかりにして、ベトナム北部の村落における仏教寺院とディンの祭祀空間の変容と独自性について再考を試みたい。

一　ベトナムの信仰と歴史

ベトナム王朝の故地となる北部地域には、南越（現在のベトナム北部・中部地域）の中国支配期にあたる紀元前後から、インドと中国の双方から渡来した仏僧の拠点があり、王朝が成立する一〇世紀までの間に、南インドの毘尼多流支（六世紀後半）、唐の無言通（九世紀前半）らによる禅の布教活動があった。唐代には辺境の軍事拠点として安南都護府（六七九年～、現ハノイ市）が設置されたが、一〇世紀に中国から独立を果たしたベトナム王朝は、仏教勢力の後押しを得て安定政権の李朝（一〇一〇～一二二五年）を確立した。実力争いによって王位が継承された李朝では、王朝の体制強化のために文廟の設立や科挙の導入も試みられたが、軍事・経済・宗教の各方面における王権の誇示が在位中の王位簒奪を防ぐ有効な手段となった。この時期には、王朝の手厚い仏教庇護のもとに、中国仏教の受容や壮麗な仏寺建立が相次いだことが考古遺物などからあきらかにされている。また、この時期の仏教には王による土着信仰の保護によって、農業地母神信仰、すなわち四法神（法雲・法雨・法雷・法電）の信仰が混淆し、祈雨の対象となっていった。これらの四法神信仰の寺院はハノイ近郊に現存している。

李朝末期の動乱に乗じて王位を継承した陳朝（一二二五〜一四〇〇年）は、歴代の王が無言通派の禅をおさめ、第三代仁宗（一二七九〜九三年）が臨済禅の竹林派を開いたことでも知られるように、仏教信仰に熱心であった。しかし、一四世紀には中国的官僚国家を目指して科挙制を定着させた儒教知識人層により、仏教は実権を失っていった。

陳朝に続く黎朝（前期：一四二八〜一五二七年、後期：一五三二〜一七八九年）は、たびかさなる内乱が続く政治的混乱期であった。黎朝前期も儒教を国策に据えたため、王朝における仏教は衰退の一途をたどったが、一五世紀頃までには道教と儒教が混淆した現在のベトナム仏教の原型が形成され、地方において開基信仰とともに裾野をひろげていった。黎朝の内乱期に成立した莫朝（一五二七〜一六六七年）は、仏教回復の勧進をつとめて寺院の建立に尽力し、村落守護神をまつる村落集会所ディンの整備もこの時期に進展した。鄭氏に実権を握られながらも一七世紀に王権を奪回した黎朝後期は、中国僧の布教活動、竹林派の再興、中国禅と浄土教の混淆、曹洞宗の普及にくわえ、民衆に浸透した儒教的家族制度の子授け祈願による観音信仰が普及し、ベトナム社会における仏教信仰の隆盛期となった。一七世紀初頭に始まる鄭阮紛争と南北対立の政治的混乱、貴族や地方村落社会における仏教信仰の興隆と経済成長は、各地の村落寺院の整備に拍車をかけ現在のベトナム北部地域の寺院の原型を形成していった。

ベトナム最期の王朝となる阮朝（一八〇二〜一九四五年）は、中南部に拠点を構えていた阮氏によって中部フエに開かれた。南北に延びる現在のベトナムの領土は、一六世紀頃から本格化した南進と、阮朝による南北統一によって形成されたもので、一八世紀以前の木造遺構は歴代王朝の拠点があった北部地域に集中し、一九世紀以降の阮朝期の北部地域では既存寺院の改造が中心となった。

二　伽藍の現況

黎朝以降の政治的混乱と村落共同体の結束を背景に興隆した仏教は、貴族出身の出家者を多数輩出し、彼らを勧進元として仏教寺院の再興と仏教の大衆化を推し進めた。この時期に出現した仏教寺院の建物規模や配置が、現在のベトナム北部の仏教寺院の原型となっている。

本尊を安置するのは「上殿」という正面三間の仏堂である。上殿の前方に礼拝空間となる「前堂」を配置し、上殿と前堂のあいだに「焼香」という僧侶の儀式空間を設けて、権現造りのような「工の字型」平面を構成している。前堂の両脇から延びた「行廊」（回廊）は「後堂」（祖師堂、僧房）とつながり、上殿を囲うように伽藍全体を閉じている。現在のベトナムでは、この伽藍構成を伝統的な「内工外口型」としている。主軸上には三関門、鐘楼、塔なども配され、左右対称の整然とした伽藍構成をしめす（図1）。大規模寺院では、本尊をまつる上殿の後方に開祖堂を配置して、上殿と同様に前堂と焼香を設ける事例もある。

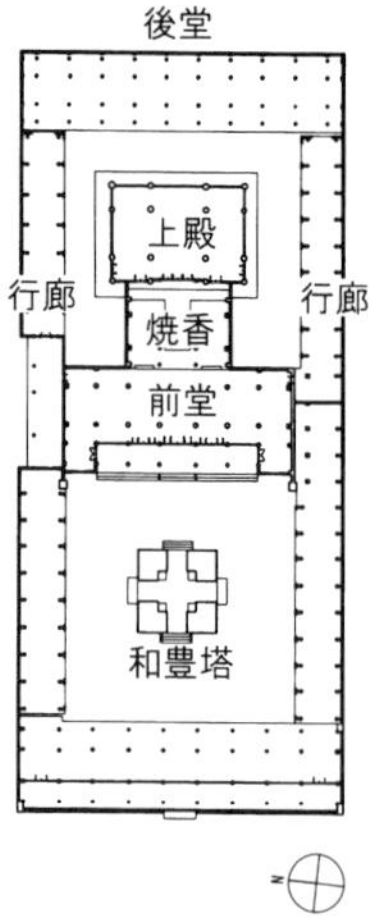

延應寺（バクニン省）

三　祭祀空間の成立と変容

1　上殿の祭祀空間

ベトナム北部の寺院建築は、奥行（梁間）三間とするが、なかでも上殿は正面・奥行ともに三間が原則である。一五世紀から一六世紀に比定される現存最古の木造遺例は、延應寺（バクニン省）、大悲寺（ハータイ省）、法雲寺（フンイエン省）の上殿であるが、いずれも、高層基壇に建つ正面三間・奥行三間の仏堂で、独特な小屋組の形式が共通する（図2・3）。天井を張らずに化粧屋根裏とし、閉鎖的な薄暗い空間にもかかわらず、小屋組の表面には豊富で精緻な彫刻が施されている。

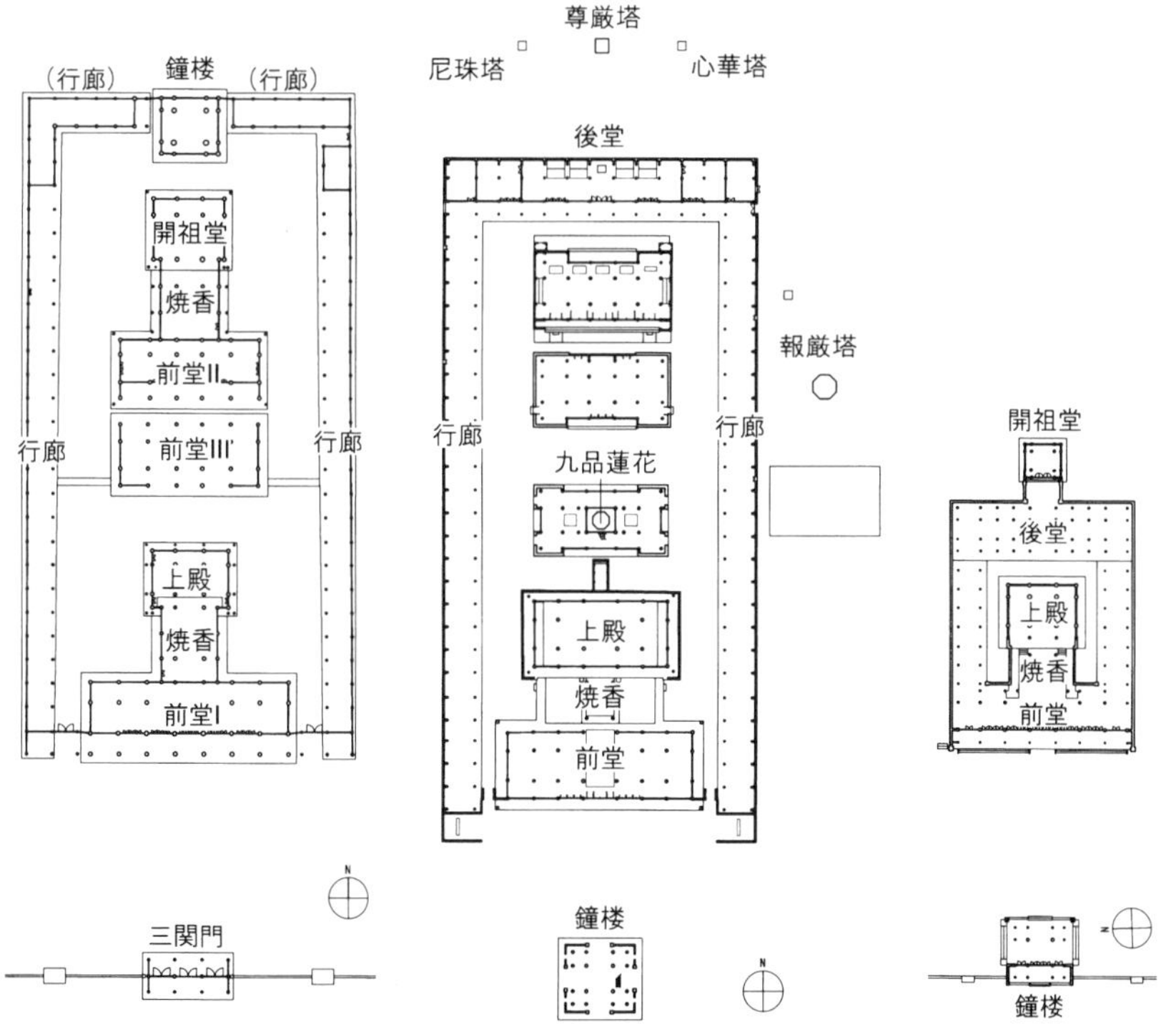

神光寺（タイビン省）　寧福寺（バクニン省）　大悲寺（ハータイ省）

図1　伽藍配置図

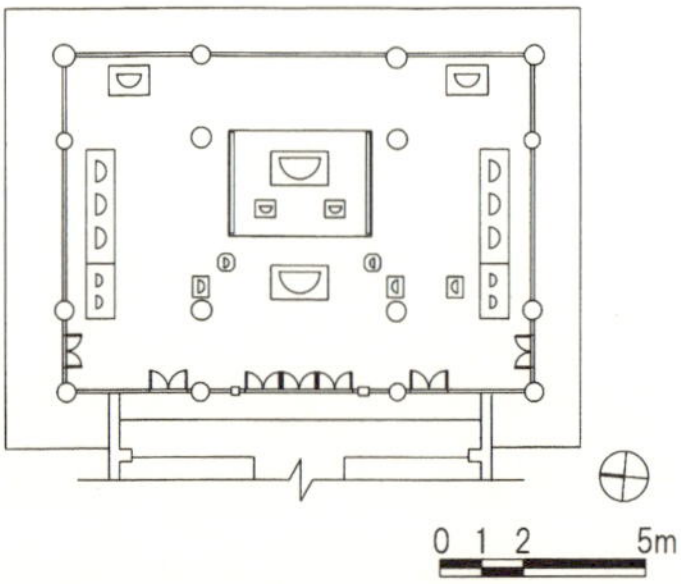

図２　延應寺上殿　平面図

図３　大悲寺上殿（筆者撮影）

図４　神光寺焼香・上殿（筆者撮影）

延應寺と法雲寺は李朝期にあらわれた四法神信仰の仏像を本尊とし、法雲神を本尊とする延應寺は、俗称を法雲寺という。四法神信仰の寺院が残る延應寺の一帯は、紀元前後にインド僧の毘尼多流支が布教活動の拠点としたルイラウの地とされる。

現存する上殿の多くは正面が開放され、上殿内部に安置した三世仏や阿弥陀三尊などの諸仏を、焼香と前堂から直接拝観できる構成となっている（図４）。仏教に儒教や道教などの多様な信仰が混淆していく過程で、安置される像の種類も増加したベトナムの寺院には、上殿に限らず前堂や焼香、後堂、行廊などの随所に、儒者や羅漢の像などの諸像が安置されている。

当時の伽藍をしめす資料は乏しく、全体像は不明であるが、おそらくこの時期に建立された寺院の大半は、独立した閉鎖的な上殿のみの単純な伽藍で、上殿内部に安置された諸像は秘仏として人の目に触れることはなかったとみられる。

2　伽藍の整備

交易の振興がもたらした経済成長と仏教の大衆化によって、中興の祖や勧進元の出現など、仏寺を建立・再興する土壌が整えられたベトナム北部の村落では、一七世紀から一八世紀にかけて社寺造営の隆盛期をむかえた。一七世紀に各寺院で頻出する中興の碑には、伽藍を構成する各種の建物名や、それらの建立・修繕が記されており、この時期に上殿を中心にして焼香、前堂、後堂、左右行廊をそろえた伽藍が整備されたことは確実である。しかし、初期上殿の独立と閉鎖性については先に述べたとおり、上殿の正面を開放して焼香と前堂の空間を連結した現在の構成が一七世紀に成立していたかについては疑問が残る。

この点については、伽藍を囲う行廊の接続手法にその様相が示唆されている。行廊の配置は、前堂の脇から独立して延びる形式（寧福寺、神光寺）と、前堂と後堂を直接連結する形式（延應寺、大悲寺）に大別されるが、一七世紀から一八世紀に再興された寺院の行廊は、多くが前者の形式に属する。後者の形式は、一九世紀以降に大規模改修や再建を受けた寺院で普及していったとみられる。

3　上殿の拡張と変質

一七世紀から一八世紀の再興期には、中国僧の布教活動とともに、新たな建築構法や形式が中国からもたらされたようであるが、ベトナム北部では外来技術の摂取による技術的改良や空間構成の著しい発展にはいたらなかった。上殿の規模もそのひとつで、上殿の柱間数はあくまでも正面・奥行ともに原則三間を固守し、上殿の規模拡張には、柱間数の増加や架構の改良によらず、柱間寸法そのものが拡張された（天福寺上殿：一七～一八世紀頃）。

例外的に、正面五間という異例の規模の上殿が寧福寺（一六四二年）に造営されている。寧福寺は一七世紀前半に

図5　寧福寺上殿（筆者撮影）

黎神宗帝の皇后・鄭玉竹を開基として再興された大伽藍で、他の寺院にはない特異な手法や架構が採用されている。上殿は正面を開放して内部に安置した三世仏や千手観音を焼香から直接拝観できるだけでなく、切石積みの基壇に石の欄干や石橋を設けている点も特異である（図5）。また、寧福寺の焼香には開放的な吹放ちの形式や、ベトナム北部には類例のない輪垂木天井や大瓶束の採用がみられ、焼香空間の初期形態を示す一例として興味深い（図6）。この背景には、寧福寺の住持をつとめた中国僧やその開山に師事した鄭玉竹の関与により、中国の影響が直接的に及んだためとみられる。

4　前堂の空間とその意義

礼拝空間として上殿に付属する前堂は、正面五間以上の規模を有し、開口の多い開放的な空間である。前堂の規模を拡張する場合は、正面の柱間数を七間、九間、一一間とするか、もしくは、同規模の間口の建物を前方に配置して奥行の空間を拡張する双堂の手法がとられた

図６　寧福寺前堂・焼香・上殿（筆者撮影）

（図１）。

前堂が造営された一七世紀以降、上殿と前堂の小屋組には同一形式が採用され、次第に装飾は前堂に偏重する傾向があらわれる。これは上殿を焼香空間と連結したことで、本来、人の目にふれることのなかった本尊を前堂から拝観できるような祭祀空間が形成され、前堂からの視覚とそれを意識した空間の演出が重要視されるようになったためとみられる。

また、前堂には焼香入口の両脇に一対の護法神が安置されており、一七世紀の中興の碑には前堂の建立・修繕とともに、護法神像の修造も確認されていることから、再興期に出現した前堂は、上殿の本尊を守護する門衛が鎮座する空間として位置づけられていたことがわかる。

5　伽藍から仏堂へ

一八世紀末には、伽藍を三棟の仏堂のみで再構築した、特異な寺院があらわれた。

同時期に同形式で再興された金蓮寺（一七九二年）と

西方寺（一七九四年）は、三棟双堂形式の配置が特徴で、三棟はいずれも同一高さの低い基壇に建ち、柱間構成、小屋組形式のほか、裳階のような二重屋根の形式などが共通している（図７・８）。堂内にはいずれも中央に祭壇を設けて諸仏を安置していることから、ここでは便宜的に三棟を仏堂と称する。ただし、柱間数は中央の仏堂が正面三間・奥行三間、その前後の仏堂が正面五間・奥行三間の同一規模となる。焼香や行廊は造営されず、三棟の外周をレンガ積みの壁で囲み、内部を吹き放ちとしているため三棟の空間が連なっている。

それぞれの仏堂中央の祭壇と堂内の至るところに多様な諸像がまつられているが、各仏堂の建築細部に着目すると、中央の三間仏堂が上殿のように格式高い空間として位置づけられていることがわかる。小屋組の表面に施された彫刻は、前後の五間仏堂には同種の植物文様が共通するが、中央の三間仏堂は棟を一段高くして、龍や鳳凰の文様を採用している。つまり、均質化した三棟の仏堂空間の格式を、装飾文様と棟の高さで表現しているのである。また、ここでは上殿が本来備えていた閉鎖性は全く意図されていない。

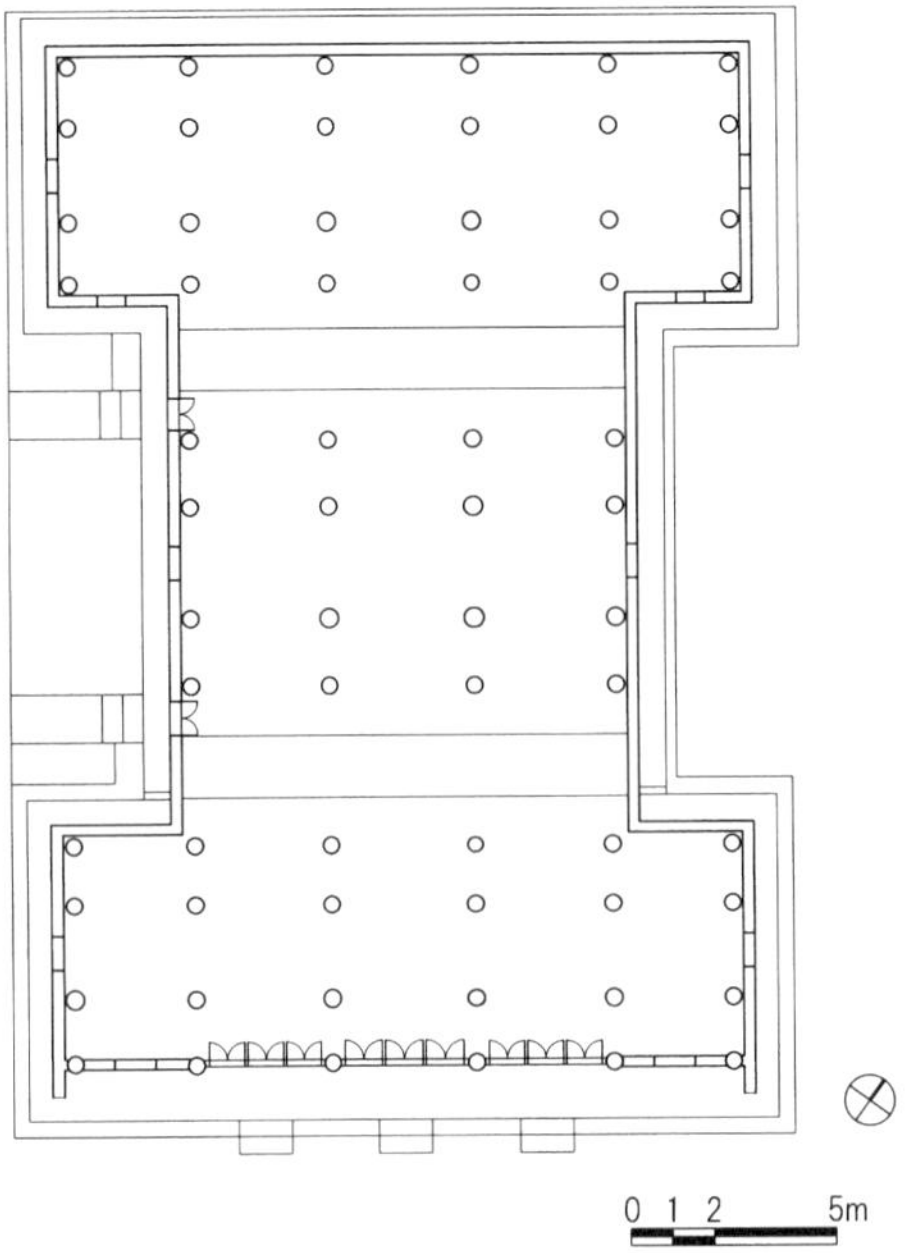

図７　西方寺　平面図

このことから、金蓮寺、西方寺では、各種機能の建築の集合体であった従来の伽藍を、三棟の仏堂に集約してひとまとまりの仏堂のような伽藍に再構築したといえる。そこでは、三棟の仏堂に安置された諸像を直接礼拝できるよう、仏堂内に礼

図８　西方寺（筆者撮影）

拝者が立ち入ることを前提にした、あらたな祭祀空間が試みられたのである。各仏堂の小屋組などに彫刻や装飾が満遍なく施されているのはこのためであろう。

6　北部における阮朝期の変化

阮朝という新たな王朝の成立と北部から中部への遷都を目前にした、一八世紀末における特異な伽藍の出現は、その後、既存寺院の改修が中心となる北部地域の仏教寺院の空間に大きな影響をもたらした。つまり、阮朝期の北部地域では、焼香や行廊の連結と内部空間の開放によって、金蓮寺、西方寺のような祭祀空間の模倣が試みられたのであろう。一九世紀以降の改修をへて、上殿を前堂、後堂、行廊で囲い、上殿の正面を開放して空間を連続させた複数の小規模空間の連結によって、外部に閉塞的な構成をとりながら、伽藍内部の各建物の開放性を高めた祭祀空間が急速に浸透していったとみられる。

ただし、仏像をまつる上殿に比べて、開祖堂が閉鎖性を維持しているのは、上殿と焼香を接続した初期の姿をとどめるものとして注目されるが、仏像ほどに一般信者の信仰対象にならなかったためであろうか。

7　村落集会所 ディン

最後に、仏教寺院に遅れて整備が進んだ北部の村落のディンについても触れておきたい。ディンは村のまつりや協議など、村落の結束を高める場を提供する村落の集会施設であり、同時に、村の守護神をまつる宗教施設でもある。ディンの最古の遺例は一六世紀であるが、ディンの本格的な整備と大規模化が進むのは一八世紀以降である。

ディンは、仏教寺院とは異質な建築構成を示す。まず、一棟の本殿で構成されるのが原則で、その平面規模は四方に小さな柱間をまわした正面七間・奥行五間を基本とする（チュウクェンディン、図9・10）。大規模な事例では正面柱間を一一間とする。中央を土間とし、その左右両脇の空間を板床とした吹き放ちの空間も、ディン独自の構成である。寺院や民家が土間を基本とするベトナムにおいて、板床を張ったディンの起源は不明とされている。守護神は中央土間奥の祭壇にまつられ、装飾と彩色を施した鏡天井を設けて、土間を格式高い空間に仕立てている。

仏教寺院では上殿、焼香、前堂を連結した形式が定着するが、ディンにおいても、既存の本殿背後に守護神をまつる祠堂を付加する現象がおこることから、この現象があらわれる一九世紀前後には、すでに仏教寺院では焼香の連結が定着していた可能性もうかがえる（ディンバンディン、図11）。

図9　チュウクェンディン（筆者撮影）

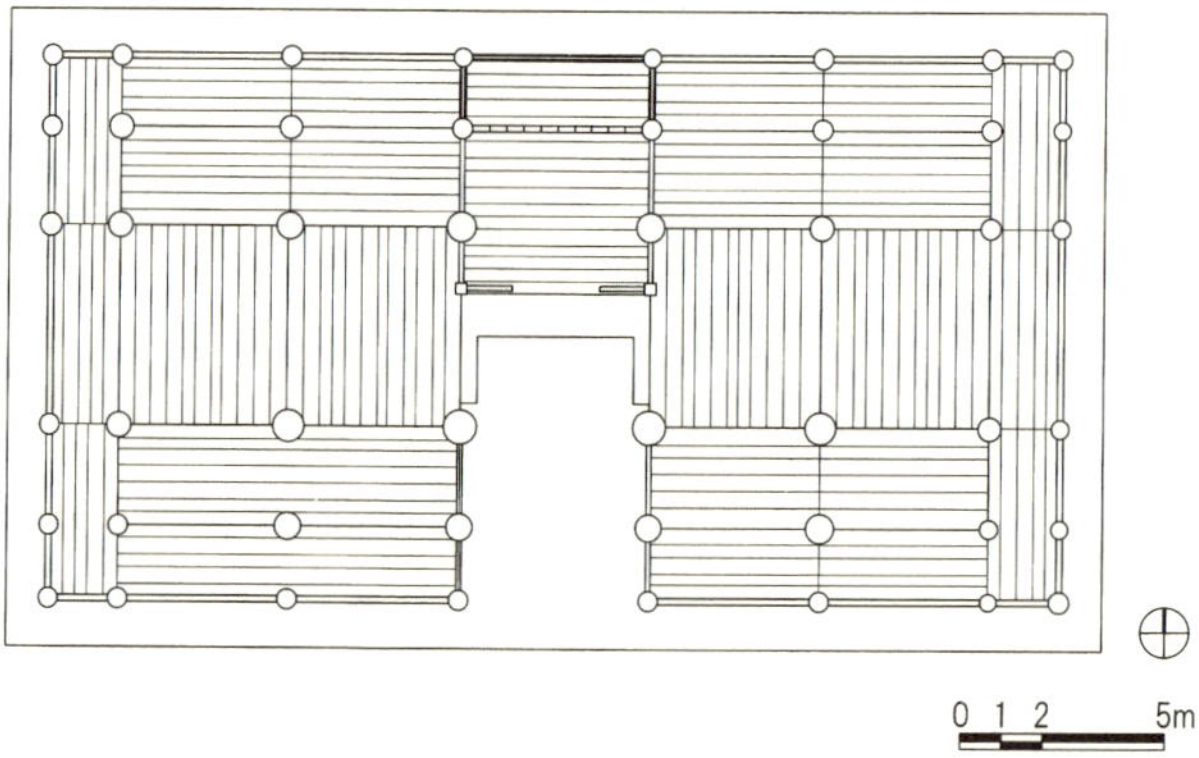

図10　チュウクェンディン　平面図

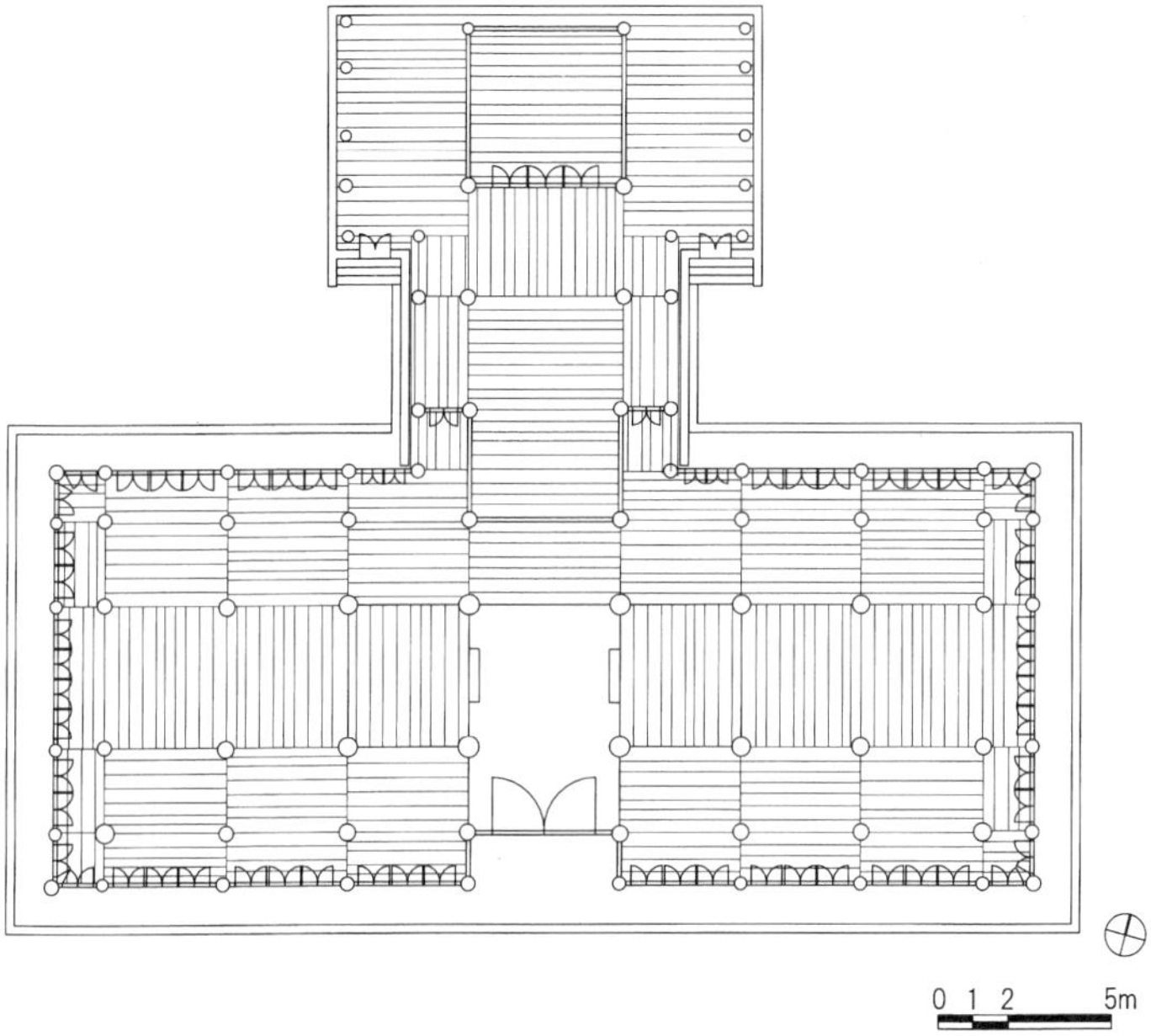

図11　ディンバンディン　平面図

おわりに

ベトナム北部の仏教寺院では、礼拝者の視線を意識した礼拝空間への変化と、増えつづける諸像を安置する祭祀空間に対応するために、架構技術の改良よりも双堂という古代的手法とその応用によって空間の拡張を試みつづけたといえる。一七世紀から一八世紀にかけて村々で再興された寺院は、本尊を安置した三間規模の上殿を中心にすえて伽藍なるものを構成していたが、一九世紀以降には、伽藍を構成する既存の空間要素の解体と連結によって、ひとまとまりの仏堂空間として再構築した。

しかしながら、ディンのように、大人数の収容を目的にした大規模空間を構築する手法と発想が、同時期に存在していたことを鑑みると、仏教寺院では礼拝者を主体にした空間へと変質する過程で、上殿の規模形式をかたくなに守りつづけようとした強い意志を読み取ることもできる。

それはあたかも、日本において、仏堂が礼堂との一体化をはかりながら空間を拡張、再構築していった寺院建築に対して、本殿と拝殿という独立した関係を維持しながら祭祀空間を連結していった神社建築の様相にも類似している。しかし、ベトナム北部の仏教寺院では、仏教信仰の大衆化に応じて、両者の要素を統合した祭祀空間を形成するべく、既存伽藍の規模・形式・配置を踏襲しながら、上殿空間の開放と拡張によって、伽藍全体をひとつの仏堂にみたてた独自の祭祀空間へと変容させていったのである。

参考文献

大山亜紀子・重枝豊・片桐正夫　二〇〇八　「北部ベトナムにおける仏教寺院の前堂の変遷に関する一考察」『日本建築学会計画系論文集』第六二五号　六八九〜六九四頁

大山亜紀子・片桐正夫・重枝豊　一九九三　「北部ベトナム仏教寺院の上殿の基本構成とその変化について」『日本建築学会計画系論文集』第五七六号　一九一〜一九八頁

Hà Văn Tấn, *Chùa Việt Nam – Buddhist temples in Vietnam*, nhà xuất bản khoa học xã hội, 1993.

桃木至朗　一九九四　「ベトナムの「中国化」」池端雪浦編『変わる東南アジア史像』山川出版社　一〇九〜一二九頁

桜井由躬雄・桃木至朗編　一九九九　『ベトナムの事典』同朋舎

付記：事例一覧

寺院は碑文などで確認した名称で統一したが、補足として次のとおり、ベトナム語で俗称を（　）に、所在地を末尾に併記した。俗称には村名や地名、祭祀対象のなどが用いられる。ディンは俗称が基本である。

延應寺 Diên Ứng tự (Chùa Dâu, Chùa Pháp Vân), Bắc Ninh

大悲寺 Đại Bi tự (Chùa Bối Khê), Hà Tây

法雲寺 Pháp Vân tự (Chùa Thái Lạc), Hưng Yên

「修作法雲寺碑銘并記」　弘定一二（一六一一）年

法雲寺順文太樂之□□庭園名藍也蓋以（佛）母慈心如法雲蔭世而名之焉觀其廣輪之勢四望寛敞寔為□秀之□□□世□有之寺創最古物換星楼宮而作之必行大乎本縣惠士淡僧字法海及縣■貴士字福禄并太樂■■陽等社諸太士■共設樂善之心共量樂為之事出家財集壇施以己酉（一六〇九）年十一月■穀鼻功修繕本寺後堂左右行廊共二十五間及通橋一間越庚戌（一六一〇）年至参年正月日完成會見奉（後略）

「重修法雲寺碑銘并記」　陽和二（一六三六）年

法雲寺順文太樂之浄土祇園名藍也盖以佛母慈心如法雲蔭世而名之焉觀其廣輪之■四望寛敞寔為雄秀之状文■武弁世必有之寺創最古物換星移修而作之必待大乎後本縣佛僧慧日典及比丘尼真言并本社貴嬪及十方九老善信共□築善之心共量善為之事出家■集壇施以庚午（一六三〇）年十一月十九日良時営造塔宇前堂粤於辛未（一六三一）年十一月初二日丁時修造護法二■座壬申（一六三二）年十一月十六日修作後堂左右行廊至癸酉（一六三五）年十月日■作三関於乙亥年三月十三日始建西辺土墻等所至茲年竪造碑一座完成會見奉　佛之殿増日英雲瑞左右行廊共華雲色以晨香以燈上祝（後略）

※傍点・括弧は筆者加筆、□は判読不可、■はチュノム（ベトナム独自の疑似漢字）により表記不可の文字とする。

天福寺 Thiên Phúc tự (Chùa Thầy), Hà Tây

寧福寺 Ninh Phúc tự (Chùa Bút Tháp), Bắc Ninh

神光寺 Thần Quang tự (Chùa Keo), Thái Bình
金蓮寺 Kim Liên tự (Chùa Kim Liên), Hà Nội
西方寺 Sùng Phúc tự (Chùa Tây Phương), Hà Tây
チュウクェンディン Đình Chu Quyến, Hà Tây
ディンバンディン Đình Đình Bảng, Bắc Ninh

■論文

「彦火々出見尊絵巻」の釣針を取り戻す場面の構図について

――金剛山寺所蔵「矢田地蔵縁起絵」の授戒場面との類似は偶然か

五月女　晴恵

はじめに

「彦火々出見尊《ひこほほでみのみこと》絵巻《えまき》」は、いわゆる「海幸山幸神話」から派生した説話を題材とした絵巻である。(1)『看聞日記』嘉吉元年（一四四一）四月二六日条の記述から、一五世紀中頃には「伴大納言絵巻」や「吉備大臣入唐絵巻」と共に若狭国松永庄新八幡宮に伝来したことが知られる。小松茂美氏は、この記述を含む複数の史料を用いながら、彼の地に至るまでの具体的な伝来経緯を提示して、これら三絵巻が、当初は後白河院の絵巻コレクションの一部として蓮華王院宝蔵に籠められていた可能性が高いことを証明した。(2) また、「彦火々出見尊絵巻」の原本は江戸時代に失われてしまったが、幸いにも原本に極めて忠実な模本が二系統残されており、(3) それらの模本を見ると、当絵巻に描かれる人物のフォルムは「伴大納言絵巻」のものと非常に近似することが確認できる。(4)

これらの先行研究を踏まえて、現在では、「彦火々出見尊絵巻」の原本は、出光美術館所蔵「伴大納言絵巻」（一二世紀後半）と同じく後白河院の下命を受けて、宮廷絵師・常磐源二光長周辺で制作されたという説が有力である。

図１　福井・明通寺所蔵「彦火々出見尊絵巻模本」 巻３第２～３紙部分　寛永年間（1624～44）　狩野種泰・模

図２　釣針を取り戻す場面の往復円環構造の図解 （『十二世紀のアニメーション』より転載）

本稿では、「彦火々出見尊絵巻」の主人公・彦火々出見尊が、龍王の助けにより釣針を取り戻す場面（図1）（明通寺所蔵模本では巻三第二〜三紙、宮内庁書陵部所蔵模本では巻三第二〜五紙。以下、巻数料紙数はすべて明通寺本に基づいて記す。）を取り上げ、次のような点について考察したいと思う。同場面には複数の時間の出来事が、他には例を見ないであろう特異な手法によって表現されていること。そして、そのような特異な手法の使用は、ある特定の構図を採用することに拘ったがために生じたと考えられることである。

一　釣針を取り戻す場面において譲れなかった点

当絵巻の釣針を取り戻す場面までのストーリーは、概略においては「海幸山幸神話」に類似している(5)。すなわち、彦火々出見尊は、漁撈を生業とする兄尊から釣針を借りて魚を釣ろうとするが、魚に釣針を奪われてしまう。それを聞いた兄尊は怒り、貸した釣針を取り戻してこなければ許さないと言う。そこで、彦火々出見尊は「龍宮」へと向かい、「龍王」の助けによって釣針を取り戻すことが叶うという内容だ。そして、釣針を取り戻す場面に対応する詞書は次のようである。

前に召せば参れり。事の心を問ふ。初めよりの事を、案の下りの事を語る。龍王聞きて、人召して宣旨を下す。諸国に、「釣針喉に立てて病む百姓やある」と、尋ねさす。暫し有りて、咽腫れたる者侍ふとて、召し出でたり。見れば、面赤みたる男の〈欠落〉太りたる、喉大きに腫れたる有り。医師《くすし》を召して、喉を探らす。大きなる釣針抜き出でつ。この釣針を抜きて見するに、その釣針なり。喜びで取りつ。（巻三第一紙(6)）

続く第二～三紙に釣針を取り戻す場面が描かれるのだが、同場面について高畑勲氏は次のように指摘している[7]。すなわち、広廂（吹放）の向かって右端に坐す彦火々出見尊と、彼と相対する龍王から出発し、宮殿の広廂を向かって右から左へと進み、第三紙末を折り返し地点として、今度は庭を通って向かって左から右へと戻って来るという「往復円環構造」を採りながら、「①尊は龍王に事の次第を話し、②龍王が釣針探索の宣旨を下した結果、③鯛男が連れてこられて釣針が発見され、④釣針は龍王を経て尊の手に戻る」（図２）という複数の時間の出来事が表現されており、これは、「考え抜かれた「異時同図的表現」」だと述べている。

ところで、筆者は以前、この高畑氏の指摘を踏まえて、釣針を取り戻す場面は「円環状に展開する異時同図法」で描かれており、そのような鑑賞者の注意を惹くような表現が用いられた理由は、同場面が、「伴大納言絵巻」中巻第一三紙に円環状の異時同図法によって描かれる子供の喧嘩の場面と同じように、「物語が解決へと向かう発端となる」重要な出来事を描いた場面であるためだと述べた[8]。

しかし、この筆者の指摘に対して、近年、伊藤大輔氏は次のような反論を示している[9]。すなわち、「「彦火々出見尊絵巻」の当該場面は、左右に長い展開性を持っており、一目で見渡せる範囲に同一人物の姿が数回登場する「伴大納言絵巻」の「子供の喧嘩」の場面とは必ずしも同一ではない。「彦火々出見尊絵巻」の当該場面は、円環状の構成はあるかもしれないが、即座に異時同図的とは言い難い。〈中略〉またそもそも当該場面を円環状の構成として読むことができるのかという点や叙述上の位置づけが果たして五月女氏の指摘通りなのかという点も含めて、当該場面の語りの構造は検討を深める必要があると思われる」と述べている。

そこで、この伊藤氏の反論を踏まえて、釣針を取り戻す場面の構造を、ここで改めて検討し直してみたいと思う。

伊藤氏は、釣針を取り戻す場面が「円環状の構成として読むことができるか」にも疑問を呈しているが、少なくとも、龍宮の建物の一角とその前庭という一続きの場景の中に複数の時間が表現されていることは確認できる。すなわち、第三紙中頃に位置する建物の角の手前には喉の腫れた男がおり、その向かって右には喉の腫れた男から今まさに釣針を抜いている瞬間の様子、さらに右には釣針を抜き取られた痛みで倒れる男、その右斜め上の建物の縁から広廂には龍王に釣針を差し出す者とそれを見る龍王が描かれている。つまりは、絵巻の流れに逆行するように展開する複数の時間を表現している箇所を含むとは言えるだろう。

しかし、伊藤氏の言うように、この釣針を取り戻す場面は、ほぼ料紙二紙分にも及んでおり、一目で見渡せる範囲には収まってはいない。しばしば絵巻に見受けられる画面展開のさせ方に、料紙数紙にわたって一続きの場景を描いて、そこに主体的に行為を行う特定の人物を、一目では見渡せない程の間隔をあけて繰り返し登場させ、鑑賞者が絵巻を巻き進めるに従って、物語の進行や時間の経過が感じ取れるようになっているというものがある。けれども、その場合、物語の進行や時間の経過は、絵巻の進行方向と沿うように向かって右から左へと表現される。

釣針を取り戻す場面は、その全体は一目で見渡せる範囲に収まってはいないが、先に述べたように時間の流れが絵巻の進行方向を逆行している箇所が確実に存在し、さらには、喉の腫れた男と「医師《くすし》」に関しては、一目で見渡せる範囲に三回ずつ描かれている。つまりは、絵巻の通常の流れを堰き止めるという鑑賞者の注意を惹くことを狙った表現が採用されていることは間違いないと言えるだろう。

次には、高畑氏の指摘に従って、釣針を取り戻す場面を「往復円環構造」の異時同図法だと解釈した上で検討を加えたい。そこで、「伴大納言絵巻」中巻第一三紙の子供の喧嘩（図３）や、法隆寺所蔵「玉虫厨子」須弥座右側面「施身聞偈図」（七世紀中頃）（図４）といった円環状の異時同図法であることに異議を唱える者はいないであろう二図との比較を試みたところ、次のような二つの大きな相違点が存在することに気付いた。(10)

図３　出光美術館所蔵「伴大納言絵巻」中巻　第13紙部分　12世紀後半

一つ目の相違点は、子供の喧嘩と「施身聞偈図」は、異時同図法の出発点と帰結点とは別々であるが、釣針を取り戻す場面は、高畑氏が「尊と龍王に発し、ふたたび龍王と尊に戻って来る往復円環構造」を成すと言っているように、出発点と帰結点が同一であることだ。

子供の喧嘩の出発点は、中巻第一三紙の向かって右上方に描かれる取っ組み合いをする二人の子供（伴大納言家の出納の子と右兵衛府の舎人の子）と、二人に向かって血気盛んに飛び出してくる伴大納言家の出納の描写であり、そこから時計回りに円環状に時間が展開し、帰結点は、出発点の向かって左に描かれる自分の子供の手をひいて家の中へ入って行く出納の妻とその子供となっている。また、「施身聞偈図」の出発点は、画面下方に描かれる偈を巡る遣り取りをする婆羅門と羅刹の様子であり、そこから時計回りに円環状に時間が展開し、出発点の羅刹の向かって右上に描かれる、崖から飛び降りてきた婆羅門を本来の姿に戻って受け止める帝釈天が帰結点となっている。それに対して、釣針を取り戻す場面は、出

図４　奈良・法隆寺所蔵「玉虫厨子」 須弥座右側面「施身聞偈図」 ７世紀中頃

発地点も帰結点も広廂の向かって右端に坐す弟尊とそれに相対するように坐す龍王であり、つまりは、円環構造であるとすれば、特定の描写に出発点と帰結点を兼ねさせていると言える。

二つ目の相違点は、場面の主役を務める人物の描かれる回数が、子供の喧嘩と「施身聞偈図」は複数回であるが、釣針を取り戻す場面では一回だけであることだ。

子供の喧嘩では、出納の子は三回、出納は二回、右兵衛府の子は二回というように、喧嘩を行う人物は複数回描かれ、また、そのように主体的に行為を行う人物を繰り返し描くことによって時間の推移が表現されていると言えよう。また、「施身聞偈図」においても、雪山童子本生譚の主役である婆羅門（雪山童子）は三回描かれ、帝釈天は羅刹の姿で一回と本来の姿で一回との合計二回描かれている。それに対して、釣針を取り戻す場面では、この説話の主役であり、釣針を取り戻す主体である弟尊は、出発点と帰結点を兼ねた広廂の向かって右端に坐す姿の一回のみで、また、釣針探しを助ける龍王も、その弟尊に向かい合うように坐す姿の一回のみしか描かれていないことがわかる。

ところで、ここまで釣針を取り戻す場面と比較してきた子供の喧嘩と「施身聞偈図」とに見られる円環状の異時同図法で表現される時間は、現代の時間で考えるとどちらも数十分から長くとも一〜二時間程度のかなり短い時間だと言えるだろう。それに対して、釣針を取り戻す場面は、高畑氏の言うように、弟尊が龍宮に来た理由を龍王に話すところから始まっているとすれば、表現される時間の長さは、数時間から場合によっては十数時間にも及ぶような長い時間だと考えられよう。

そこで、長い時間を表現した異時同図法にも目を向けてみると、先程挙げた第二の相違点は、長い時間を表現し、しかも、円環状には展開していない異時同図法との間にも見出せるものだと気付く[11]。たとえば、同じ一二世紀に制作された「信貴山縁起絵巻」（一二世紀中頃）の「尼公の巻」には長い時間を表現した二種類の異時同図法が確認できる[12]。

**図５　奈良・朝護孫子寺所蔵「信貴山縁起絵巻」尼公の巻　第14～15紙部分
12世紀中頃**

同巻第一四紙から第一六紙初めにかけて描かれる東大寺大仏殿の場景（図５）には、大仏様に弟・命蓮の居所を教えてほしいと祈りながら一晩を過ごし、夜が明けて昨夜の夢の中で教えられた信貴山の方角へ向かって出発するまでの尼公の様子が表現されているが、やはり、この場面の主役である尼公が合計六回描かれていることがわかる[13]。また、第二四紙（図６）には、尼公が弟の命蓮と再会した後、何年にもわたって続いた二人の生活の様子が、画面と平行するように描かれた住房の中に、部屋の区切りを利用した異時同図法によって表現されており、同場面でも命蓮が三回、尼公も三回描かれていることがわかる。

以上のような比較検討によって、釣針を取り戻す場面については次のようなことが言えるのではないだろうか。

第一に、場面全体が異時同図法と言えるかどうかは別として、確実に複数の時間の出来事が表現されていること。そして、絵巻の進行方向を逆行して時間が展

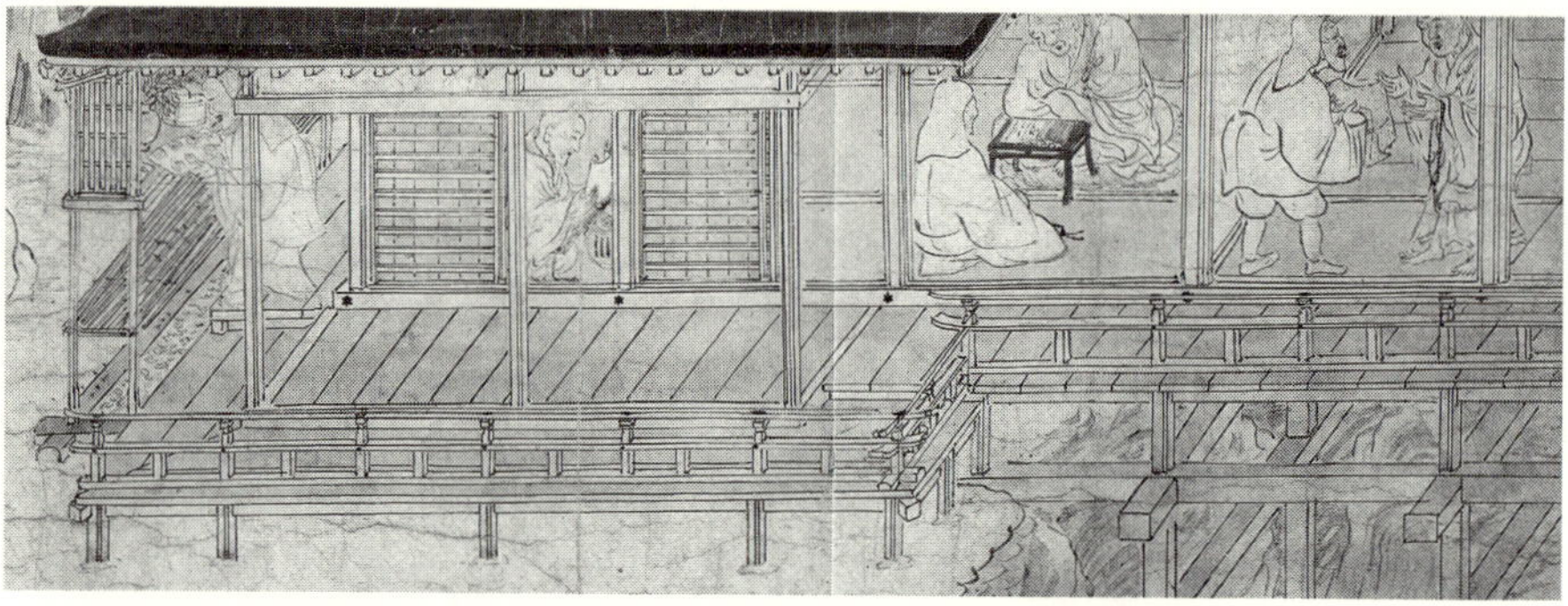

図6　奈良・朝護孫子寺所蔵「信貴山縁起絵巻」尼公の巻　第24紙部分

開している箇所が存在し、しかも、その逆行する部分には同じ人物を複数回描いた明らかな異時同図法も含まれていること。

横に料紙を繋げてゆけば画面をいくらでも増やすことが可能な絵巻において、料紙二紙の範囲に収まっている龍宮の建物の一角とその前庭という一続きの場景の中に、複数の出来事を盛り込んだ上に、さらには、進行方向を逆行する部分まで含むことは、やはり鑑賞者の注意を惹くという狙いがあったと考えられよう。すなわち、この場面は、やはり物語展開上重要な場面として描かれていることを意味するように思われる。

第二に、複数の時間の出来事を表現しようとしたにも拘わらず、場面の主役を一回しか描いていないこと。そして、そのような表現を故意に採用した可能性が考えられること。

「はじめに」で述べたように「彦火々出見尊絵巻」の描き手は、「伴大納言絵巻」と同じく宮廷絵師・常磐源二光長を中心とする宮廷絵師集団だと考えられる。つまりは、「伴大納言絵巻」に描かれる子供の喧嘩の場面のような、短い時間の中での姿態の変化を次々と描いて、そのスピード感さえも巧みに表現するという高度な異時同図法を使いこなすことのできる描き手であったと言える。さらには、「彦火々出見尊絵巻」よりも早くに制作されていたと考えられる「信貴山縁起絵巻」の「尼公の巻」第二四紙には、画面と平行に

図７　奈良・金剛山寺所蔵「矢田地蔵縁起絵」第二幅部分　13世紀後半
画像提供　奈良国立博物館（撮影　森村欣司）

描かれた建物の中に、主役的な二人の登場人物を三回ずつ描くことによって、長い年月にわたる二人の生活の様子が表現されている。そのような技術や先例があったにも拘わらず、それらの異時同図法を用いた場面とは異なり、場面の主役である弟尊と、さらには、準主役と言える龍王とを画面向かって右端に一回ずつしか描いていない点は見過ごすべきではないだろう。[15] 加えて、高畑氏の言うように往復円環構造として描かれているとすれば、この二人の姿に出発点と帰結点を兼ねさせるという、二人の姿に少なくとも二回は視線が向くような表現が採られていることになる。このように考えてくると、この二者を、広廂の向かって右端に配置することに拘りたい理由があったようにも思われてくる。

そこで、この第二点を踏まえて、「彦火々出見尊絵巻」の釣針を取り戻す場面と同じく、建物を画面と平行するように描いて、その右端に主役的な人物を配置するという構図を用いている作品が他に無いか探したところ、一三世紀後半に制作された金剛山寺所蔵「矢田地蔵縁起絵」第二幅中程の満米《まんまい》上人が閻魔王宮において閻魔王らに菩薩戒を授ける場面（図7）が、良く似た構図であることに気付いた。

次章では両者の近似性が偶然か否かについて検討したいと思う。

二　菩薩戒を授ける場面との近似性が意味するもの

奈良の金剛山寺所蔵「矢田地蔵縁起絵」は二幅からなる掛幅本であり、梅津次郎氏が指摘するように、「左右両幅相接して、一画面として構図されており」、そこには、満米上人地蔵像造立譚、武者所康成蘇生譚、広瀬小児蘇生譚の三つの説話が描かれている。(16) 満米上人が閻魔王宮において菩薩戒を授ける場面は、満米上人地蔵像造立譚の一場面なので、まずは、その場面までの同説話の流れを押さえておきたいと思うが、金剛山寺所蔵「矢田地蔵縁起絵」は各場面に漢文体の銘文はあるものの（ただし、当初のものか否かは明らかでない）附属する縁起文等は残されていない。そこで、この掛幅本との間に「伝本としての、親子関係」(17) が想定される京都・矢田寺所蔵「矢田地蔵縁起絵巻」（一四世紀）の漢文体の詞書(18) と、それとほぼ同文の護国寺本『諸寺縁起集』所収「矢田寺縁起」（建仁二年〈一二〇二〉奥書）(19) とに基づきながら当該場面までの概略を記すと次のようである。

延暦の頃、矢田寺の満米（満慶）上人は小野篁《たかむら》の帰依を受けていた。篁は身は朝廷に仕えながら、魂は閻魔王庁に奉仕していた。その頃、閻魔王宮では増悪により「三熱」(20) に苦しめられており、篁の提案によって、満米上人を招いて菩薩戒を受けることとした。そこで、満米上人は、迎えに来た閻魔王の使者に連れられて閻魔王宮に至り、閻魔王とその臣下に菩薩戒を授けたところ諸悪は止んだので、王も臣下も苦しみから脱することができたことを喜んだ。(21)

そして、その満米上人が閻魔王宮において菩薩戒を授ける場面は、向かって左幅の中頃に描かれている。同場面を、「彦火々出見尊絵巻」巻三第一〜二紙の釣針を取り戻す場面と比較すると次のような構図上の共通点が確認できる。すなわち、建物が画面と平行するように横長に描かれ、その柱は朱色で、石造りの縁が巡らされ、縁からは庭へと降りる石造りの階段が設けられている。さらには、異界（閻魔王宮、龍宮）を訪れた主人公（満米上人、彦火々出見尊）は、広廂（吹放）の向かって右端に位置して向かって左向きに坐し、加えて、異界の主（閻魔王、龍王）は、その主人公と相対するように向かって右向きに坐している。

このように両場面は、建物の形状や建物の捉え方、さらには、主役的な人物の配置や向きに至るまで大変良く似ていることがわかるが、このような近似性は、単に両場面がどちらも異界を訪れた主人公が異界の主と対面する場面であるために生じたものだと片付けてしまって良いのだろうか。そこで、次の二つの点に着目しながら考察を進めてゆきたいと思う。一つは、「彦火々出見尊絵巻」のストーリーが、いわゆる「海幸山幸神話」の流れを汲むだけでなく、釈迦に繋がる人物を主人公とする龍宮訪問譚の流れをも汲むと考えられること。もう一つは、満米上人地蔵像造立譚においては、閻魔王庁の衆生に菩薩戒を授けた返礼として、閻魔王から満米上人へ「取れども尽きぬ白米の小箱（授塗小箱〈中略〉開見之入白米雖取用亦満箱）」が与えられていることである。[22]

まず、「彦火々出見尊絵巻」のストーリーに着目してみると、『古事記』『日本書紀』所収の「海幸山幸神話」と異なる箇所が幾つも存在することは、早くから指摘されてきたことであるが、[23]特に近年の研究においては、その理由を、当絵巻制作時に後白河院の王権の実像に沿うようにストーリーが改変されたためだとする傾向が認められる。[24]しかし、筆者が確認したところ、それらの記紀神話との相違点は、釈迦の前生の大施太子を主人公とする『三宝絵』（永観二年〈九八四〉）巻上「精進波羅蜜《はらみつ》」や、釈迦一族の青年を主人公とする『今昔物語集』（一二世紀前半）巻第三「釈種、成龍王聟語　第十一」等との共通点として理解できることがわかった。[25]そして、これら二つの龍宮訪問譚には、釈迦に繋がる人物である主人公の力によって龍族が畜生の身から解放されるという件が存在している。その件は、『海龍王経』に説かれる釈迦の龍宮訪問を源とすると考えられ、その概要は次のようである。釈迦は海龍王の求めに応じて龍宮に赴くこととなり、海龍王は釈迦のために宝階と大殿を化作して待ち、さらには、訪れた釈迦を、伎楽・華香・飲食等によって供養する。釈迦は龍宮にて教えを説いて、三熱の苦がつきまとう龍身からの解脱と、往生の確約（授記）を龍族にもたらしたというものだ。[26]

先に挙げた釈迦に繋がる人物を主人公とする二つの龍宮訪問譚のうち、とくに「精進波羅蜜」においては、主人公の大施太子は龍宮に辿り着くと、七日間の供養を受け、その代償として龍王から如意宝珠を与えられたとあり[27]、この件について阿部泰郎氏は次のように解釈している。[28]すなわち、この七日間の供養とは、『海龍王経』に説かれる釈迦の龍宮訪問における釈迦による説法や、龍族を三熱の苦から救うために『金剛般若経』を写経供養することを誓い、その代償として龍王から珠を得たという内容を持つ『今昔物語集』巻第十一「聖武天皇、始造元興寺語 第十五」における写経供養に相当する行為だと指摘する。つまり、釈迦の前生である大施太子は、「仏法の巧力をもって龍を救済し随喜させ、これをもって龍族の珍重する珠と等価に交換した」のだと述べている。

ここで思い出されるのが、金剛山寺所蔵「矢田地蔵縁起絵」に描かれる満米上人が閻魔王宮において菩薩戒を授ける場面も、やはり「仏法の巧力をもって」、「三熱」等に苦しめられていた異界の衆生を「救済し随喜させ」た場面であることだ。次には、その「救済」の結果、異界の主から与えられた返礼の品に着目してみたい。

先にも述べたように「精進波羅蜜」において大施太子が返礼の品として与えられたものは如意宝珠であるが、内藤栄氏の指摘によると、平安時代後期頃から、宝珠と舎利とを同一視する教義が顕著となり、その時期の最も早い著述の一つが、空海作に仮託されて平安後期に制作された『二十五箇条御遺告』だという。[29]『御遺告』は、院政期には「弘法大師自筆」として真言小野流周辺で重用されていたことが知られるが[30]、同書の如意宝珠に関する記述を見ると、「案道理意在大海底龍宮宝蔵無数玉。然而如意宝珠為皇帝。方伺其実態自然道理釈迦分身也。」「復東寺大経蔵仏舎利大阿闍梨須如守惜伝法印契蜜語。勿令一粒他散。是即如意宝珠。」等とあり[31]、すなわち、如意宝珠は龍宮の宝蔵にあって、その実体は釈迦の分身であり、仏舎利だと記されていることがわかる。

さらには、平安末期から鎌倉初頭の真言宗の僧・覚禅によって編纂された図像集『覚禅鈔』には「宝珠」条が存在するが、その「宝種類事付舎利」項を見ると、先に挙げた『御遺告』の記述の一部が引用されるに加えて、「心地観経云。釈迦舎利変成如意宝珠。」や「悲花経云。舎利変為意相瑠璃宝珠。」等とも見えることがわかる。そして、この「宝種類事付舎利」項で最も注目されるのは次の記述である。すなわち、「同論（大智度論）云。古仏舎利変成如意珠。如意珠変成米云〻」とあることだ[32]。この記述は、『覚禅鈔』の「舎利」条の「舎利成宝珠」項にも引用されているが、そればかりでなく、同「舎利」条には、「舎利似米粒」という項目もあり、そこには、「秘蔵記云。天竺呼米粒為舎利。仏舎利亦似米粒。是故曰舎利文。」と記されることがわかる[33]。これらの記述は、経典類においては如意宝珠＝舎利＝米という考え方が古くから存在していたことと、この時期にその思想に再び光が当てられた可能性とを意味するものであろう。

そして、この如意宝珠＝舎利＝米という思想が、少なくとも平安後期には龍宮訪問譚に取り入れられていたことを教えてくれるのが、『今昔物語集』巻第十六「仕観音人、行龍宮得富語 第十五」である。同説話は、観音菩薩を熱心に信仰した男が、ある時、「小蛇の斑なる」の姿をした龍王の娘を助けて龍宮に招かれるといった内容で、娘を助けた御礼の品を、龍王から与えられる件には次のようにある。「「此の喜びに、如意の珠をも可奉けれども、日本は人の心悪しくして、持ち給はむ事難し。然れば、其こに有る箱取て来れ」と云へば、塗たる箱を持来れり。開くを見れば、金の餅一つ有り。〈中略〉此の餅、破れども破れども同じ様に成り合ひつゝ有れば〈後略〉[34]」。

この説話では、「如意の珠」の代わりに「金の餅」が与えられており、明らかに、如意宝珠＝舎利＝米という思想の影響が見て取れるが、それだけでなく、龍王から与えられた返礼の品が、「塗たる箱」に入った「破れども破れども同じ様に成り合」う「餅」であることは、先に挙げた満米上人地蔵像造立譚において満米上人が閻魔王から与えられた返礼の品が、「塗小箱〈中略〉開見之入白米雖取用亦満箱」であることと通じ合う部分があると言えるだろう。そして、両説話にこのような類似性が認められることは、少なくとも護国寺本『諸寺縁起集』所収「矢田寺縁起」が「尋出」された一三世紀初頭までには、龍宮訪問譚と閻魔王宮訪問譚との間に影響関係が存在していたことを意味するように思われる。

以上のように「彦火々出見尊絵巻」のテキストの源の一つである釈迦に繋がる人物を主人公とする龍宮訪問譚や、さらには、当絵巻よりも前に成立していた龍宮訪問譚に、満米上人地蔵像造立譚と共通する要素が複数確認できることを踏まえると、「彦火々出見尊絵巻」の釣針を取り戻す場面と「矢田地蔵縁起絵」の菩薩戒を施す場面との構図上の著しい近似性は偶然ではないように思われてくる。すなわち、釣針を取り戻す場面にそのような構図が使用されていることは、当絵巻の制作を命じた後白河院が、「彦火々出見尊絵巻」のテキストが釈迦に繋がる人物を主人公とする龍宮訪問譚の流れを汲むことを充分に理解した上で絵巻を制作させたことの表れではないだろうか[35]。そして、釣針を取り戻す場面に、そのような構図を使用し、しかも、第一章で指摘したように鑑賞者の注意を惹くような表現が採用されていることは、当絵巻のテキストが、龍族を救済する力を持った釈迦に繋がる人物を主人公とする龍宮訪問譚の流れを汲むことを、後白河院が重要視していたことの表れのようにも思われてくる。

おわりに

本稿では、「彦火々出見尊絵巻」の釣針を取り戻す場面と金剛山寺所蔵「矢田地蔵縁起絵」の授戒場面とに認められる構図の近似性は偶然ではないという結論に達したが、気になる点は、「矢田地蔵縁起絵」の制作年代が「彦火々出見尊絵巻」のおよそ一世紀後であることだ。本稿の結論に説得力を持たせるためには、「彦火々出見尊絵巻」より前か同時代に、異界の主へ説法を施すというような場面において、同じような構図が使用されていたことを示す必要があるだろう。

そこで、注目したいのが、出光美術館所蔵「真言八祖行状図」（保延二年〈一一三六〉）内「不空図」の中程に描かれる宮殿内で不空と場面の国の王とが相対する場面である（図8）。同場面は、一続きの広廂を舞台とするものではないが、その構図は「彦火々出見尊絵巻」の釣針を取り戻す場面と共通点を有することがわかる。すなわち、正殿とその向かって左側の歩廊（向かって右側の歩廊は山塊によって隠れさされている）が画面と平行するように描かれ、さらに、その左に中門廊が並ぶ。不空と場面の国の王とが居る正殿の柱は朱色で、二人の居る部分は吹放となっている。この正殿には石造りの縁が巡らされ、縁には庭へと降りる石造の階段が設けられている。また、歩廊と中門廊とにも石造りの縁が巡らされ、やはり石造りの階段が付いている。

そして、この「不空図」の主人公である不空は、場面の中で最も右に描かれる正殿の、向かって右端に位置して、向かって左向きに坐している。さらには、当該場面の国の王は、正殿の中に不空と相対するように向かって右向きに坐している。加えて、王の後方、つまりは、王よりも左側の縁上や歩廊・中門廊には、王と同じように不空の方に体

図８　出光美術館所蔵「真言八祖行状図」内「不空図」部分　赤外線写真　保延二年（1136）

を向けて坐す、或いは立つ、この国の高官と思われる人物が数人描き込まれていることがわかる。

『秘密漫荼羅教付法伝』によると、不空は、南天竺の人で、唐の神龍元年（七〇五）に生まれ、金剛智に師事して共に唐へと渡り、開元二九年（七四一）に金剛智が没した後、勅命により、密教の経典を得るために、南天竺の龍智のもとへと向かって、龍智から夥しい数の経典や図像等を授けられ、それらを唐へ請来したという[36]。柳澤孝氏の考察によると、当該場面は、南天竺から唐へと戻った不空が、宮殿において唐の皇帝・玄宗と対面する様子だとされる[37]。しかし、筆者は、『秘密漫荼羅教付法伝』に記される不空が唐から南天竺へと船で向かい、南天竺の師子国に到着した件に「到師子国。国王郊迎。宮中七日供養。〈中略〉王諸眷属宰輔大臣。備尽虔敬。便令安置於仏牙寺。即奉遇龍智阿闍梨[38]。」とあることから、当該場面は、唐から遣って来た僧・不空が、「仏牙」つまりは舎利を保持する国・師子国の王から「七日供養」を受ける様を表現した場面である可能性があると考える。不空が唐へと持ち帰るものは、舎利や如意宝珠ではなく膨大な経典類ではあるが、本文中で述べたように、龍宮から如意宝珠を持ち帰るという説話である「精進波羅蜜」にも、主人公が龍王から七日間供養を受けるという件が存在しており、そして、「精進波羅蜜」のような経典中に説かれる珠取り説話は、阿部泰郎氏によって次のように解釈されている。すなわち、「諸経中において、宝珠は、その光り明月の如くなることを以て明珠と名付け（大般若経）、明珠はまた浄戒に譬えられ（法華経序品）、また大乗の諸経典になぞられた（般涅槃経三）。すなわち明珠は仏法そのものの精髄を意味し、珠玉にまつわる物語はまことの仏法を獲んとする寓意を説くものであった(39)」。従って、この不空を主人公とする師子国訪問譚は、「精進波羅蜜」等の釈迦に繋がる人物を主人公とする龍宮訪問譚や、満米上人を主人公とする閻魔王宮訪問譚と共通するような意味内容を孕むものであると考えられよう。

そして、このことは、「彦火々出見尊絵巻」が制作される以前に、異なる国（世界）から遣って来た僧が、舎利（如意宝珠）を保持する国（世界）の宮殿において、その国（世界）の王から「七日供養」を受ける場面には、「彦火々出見尊絵巻」の釣針を取り戻す場面と同じ構図が既に用いられていた可能性を意味するもののように思われる。加えて、「真言八祖行状図」は、一二世紀の宮廷絵師・藤原宗弘周辺で制作されたと考えられていることを踏まえると、同じ一二世紀の宮廷絵師である常磐源二光長は、「不空図」における当該場面の構図を知っていた可能性は高いように思われる。

さらには、もう一つ目を向けておきたいのが、「彦火々出見尊絵巻」のストーリーと幾つもの共通項を有し、釈迦の前生の大施太子を主人公とする龍宮訪問譚である「精進波羅蜜」は、当初は絵詞の形式であった『三宝絵』に所収されることである。本文中で述べたように、後白河院が、「彦火々出見尊絵巻」のテキストが、釈迦に繋がる人物を主人公とする龍宮訪問譚の流れを汲むものであることを重要視し、しかも、「精進波羅蜜」の絵が当時は存在していたとすれば、それを参考にした可能性は有り得るようにも思われる。しかし、残念ながら『三宝絵』の同説話の絵は

図９　宮内庁三の丸尚蔵館所蔵「春日権現験記絵巻」 巻11第２紙部分　延慶二年（1309）頃
高階隆兼・筆

現存しないため、果たして、そのようなことが行われたかどうかを解き明かすことができない。

一方、「矢田地蔵縁起絵」より後の時代に目を転じてみると、延慶二年（一三〇九）頃の制作である「春日権現験記絵巻」（宮内庁三の丸尚蔵館所蔵）巻一一第二紙の恵暁法印が閻魔王宮に召されて閻魔王に『法華経』を読む場面（図9）が、「彦火々出見尊絵巻」の釣針を取り戻す場面や「矢田地蔵縁起絵」の授戒場面と類似した構図で描かれていることに気付く。すなわち、閻魔王宮の建物は画面と平行するように描かれ、建物の柱は朱塗で、縁は石造りであり、その縁の向かって右に恵暁法印が向かって左向きに坐し、閻魔王は恵暁に相対するように向かって右向きに坐している。これは、異界の主に仏法を説く場面には、このような構図が相応しいという慣例が、一四世紀まで続いていたことを意味するもののように思われる。

本稿では、それぞれが異なる説話を題材として異なる機会に制作された説話絵でありながら、同質の意味内容を孕む場面には、特定の構図が繰り返し使用され、しかも、それが世紀を越えて行われていたと考えられることを提示した。本稿で取り上げた意味内容の例に限らず、説話絵においては、この他にも同じような事例が存在している可能性が高いのではないだろうか。

註

（1）拙稿「「彦火々出見尊絵巻」の制作動機に関する一考察―絵巻の基となった説話と仏画の図様との共通性に着目しながら―」（『仏教芸術』三三四、二〇一四年五月）において、当絵巻の題材である説話は、いわゆる「海幸山幸神話」と、釈迦に繋がる人物を主人公とする龍宮訪問譚との両方の流れを汲むものであることを指摘している。なお、二〇一三年三月の空間史学研究会における発表は、主に右記拙稿の第二章に基づく。本稿は、右記拙稿を成す過程で生じたものであり、右記拙稿の結論を補強し得る内容を持つ。

（2）小松茂美「「彦火々出見尊絵巻」の制作と背景」（『日本絵巻聚稿 上』中央公論社、一九八九年三月）。

（3）原本を直接模写したとされる模本としては、以下の二つを挙げることができる。
①福井県明通寺所蔵模本（全六巻）狩野種泰模 寛永年間（一六二四～四四）成立。
②宮内庁書陵部所蔵模本（全六巻）住吉具慶模ヵ 一七世紀中頃成立。
なお、「彦火々出見尊絵巻」の各模本については、小松茂美『彦火々出見尊絵巻の研究』（東京美術、一九七四年一〇月）において詳述されている。

（4）黒田泰三氏は、「『伴大納言絵巻』における人物表現の特徴―旧永久寺伝来『真言八祖行状図』との比較を参考にして―」（『新編 名宝日本の美術 第一二巻 伴大納言絵巻』小学館、一九九一年四月）において、原本が常磐源二光長によって描かれた「年中行事絵巻」の極めて忠実な模本である「住吉家伝来模本」（田中家所蔵）と人物のフォルムが非常に近似することから「伴大納言絵巻」は光長真筆だと指摘している。

(5) 釣針を取り戻す場面までの当絵巻のストーリーにおいて、「海幸山幸神話」と最も大きく異なる点は、弟尊は「することもなくてなむすぐしける」(巻一第一紙三〜四行目)とあり、狩猟を生業としていないことだと言えよう。「海幸山幸神話」との相違点については、前掲、註(1)の拙稿を参照のこと。

(6) 当該箇所の詞書は「龍王」「諸国」「百姓」以外はすべてひらがなであるが、『日本絵巻大成二二 彦火々出見尊絵巻 浦島明神縁起』(中央公論社、一九七九年四月)掲載の小松茂美氏による釈文に基づいて漢字仮名交じり文とした。

(7) 高畑勲『十二世紀のアニメーション—国宝絵巻物に見る映画的・アニメ的なるもの—』(徳間書店、一九九九年三月)。

(8) 拙稿「『彦火々出見尊絵巻』の姿態表現と画面構成について—「伴大納言絵巻」との共通項に注目しながら—」(東京大学美術史研究室『美術史論叢』二二、二〇〇六年三月)。また、泉武夫氏が、「映画フィルムのように長い画面が使える絵巻物で、わざわざ狭い場面に異時同図を用いるのは、話の筋を展開するにあたって、何か重要なポイントになる事件や出来事の出現を表わすためである」(『躍動する絵に舌を巻く 信貴山縁起絵巻』小学館、二〇〇四年一〇月)と指摘していることを踏まえて、筆者は、釣針を取り戻す場面を重要な場面と解釈した。

(9) 伊藤大輔『肖像画の時代—中世形成期における絵画の思想的深層—』(名古屋大学出版会、二〇一一年一二月)第三章の註(16)。

(10) 「異時同図」という言葉を初めて使用したのは福井利吉郎氏(「絵巻物概説」『福井利吉郎美術史論集 中』中央公論美術出版、一九九九年二月。初出『岩波講座 日本文学 絵巻物概説(下)』岩波書店、一九三三年四月)だと言われている。その後も、絵巻の研究を中心に使用されてきたが、明確な定義付けはなされないままであった。そのような中で、千野香織氏(「日本の絵を読む—単一固定視点をめぐって」『物語研究 第二集—特集・視線』新時代社、一九八八年八月、

「複数の情景を合成する―物語と絵画」『フィクションとしての絵画』ぺりかん社、一九九一年五月）と佐野みどり氏（「説話画の文法―信貴山縁起絵巻にみる叙述の論理」山根有三先生古稀記念会編『日本絵画史の研究』吉川弘文館、一九八九年一〇月）とが、「異時同図法」の定義を巡って論争を繰り広げたこともあった。その論争によって、この用語についての新たな共通認識が確立したというわけではないが、その際、佐野氏は、「伴大納言絵巻」中巻の子供の喧嘩や、法隆寺所蔵「玉虫厨子」須弥座左側面「捨身飼虎図」のような相互の時間的な差異が際立つように描かれている表現こそ、先学たちに、「異時同図という曖昧な造語をあてさせた原動力になったのではないだろうか」とし、そして、「（いわゆる）異時同図とは、出来事の同時提示（同一景を装置として異なる出来事の生起を同時提示する表現）であり、同一装置の反復読みこみなのである」と述べている。

(11)　千野香織氏は、前掲、註(10)「日本の絵を読む―単一固定視点をめぐって―」において、「異時同図という言葉を字義通り「異なる時間の相が同一の画面の中に表わされていること」」と考えれば、徳川美術館所蔵「源氏物語絵巻」（一二世紀中頃）の「蓬生」段のように、物語の各時点に登場する景物を寄せ集めて描かれたものも「異時同図的に構成された絵画」と見做し得るとしている。このような源氏絵も、長い時間の流れを伴う物語の展開を意識したものであろうが、本文中で挙げる「信貴山縁起絵巻」の例のように、一つの場景内に主役的な人物を複数回描く異時同図法によって、長い時間の流れを表現する手法も一二世紀に存在していたことがわかる。なお、言うまでもないが、「源氏物語絵巻」は段落式絵巻で、「信貴山縁起絵巻」は「彦火々出見尊絵巻」と同じ連続式絵巻である。

(12)　「信貴山縁起絵巻」の「尼公の巻」に用いられている異時同図法については、拙稿「「鳥獣人物戯画」甲・乙巻の筆者問題について―宮廷絵師制作の可能性をめぐって―」（『仏教芸術』二六六、二〇〇三年一月）を参照のこと。

(13)　六体のうち三体は大仏殿の中に描かれているが、阿部泰郎氏は、「山に行う聖と女人―『信貴山縁起絵巻』と東大寺・

善光寺をめぐりて―」（『湯屋の皇后―中世の性と聖なるもの―』名古屋大学出版会、一九九八年七月）において、当時、大仏殿は「女人禁制の結界」であったことから、これら三体は、尼公の夢の中での動きである可能性を指摘している。

（14）　前掲、註（8）の拙稿において指摘したように、「彦火々出見尊絵巻」の制作年代は、一二世紀後半の「伴大納言絵巻」より若干下る頃と思われる。一方、「信貴山縁起絵巻」の制作年代については、泉武夫氏が、前掲、註（8）の御高著において、仏画との比較から一二世紀中頃という説を示している。

（15）　前掲、註（12）の拙稿において指摘したように、「伴大納言絵巻」中巻第一三紙の子供の喧嘩に見られる短い時間の中での姿態の変化を次々と描いて、動作のスピード感さえも巧みに表現する異時同図法と、「信貴山縁起絵巻」の「尼公の巻」に見られる長い時間の中での様子を表現する異時同図法との違いは、「伴大納言絵巻」と「信貴山縁起絵巻」との制作環境の違い（描き手が異なること）を意味する可能性が考えられよう。仮に、常磐源二光長を中心とする宮廷絵師集団が、長い時間を表現する異時同図法を得意としなかったのであれば、弟尊が事の次第を龍王に話すところから釣針を取り戻すまでの複数の出来事を、場景を変えながら順番に描いてゆくという選択肢もあったはずである。けれども、龍王の助けを借りて釣針を取り戻す様子を描くに当たって、そのような方法は採らずに、一つの場景において、つまりは、主役的な登場人物を一回しか描かないという構図の一度だけの使用において、長い時間の間に起こった複数の出来事を表現しようとしたことに注目したい。

また、筆者は、拙稿「「年中行事絵巻」に見える「信貴山縁起絵巻」からの図様転用について―その転用態度に現れた「信貴山縁起絵巻」の性格―」（東京大学美術史研究室『美術史論叢』二三、二〇〇七年三月）において、常磐源二光長は、「信貴山縁起絵巻」を直接学習し、その画面内容を熟知していた可能性を指摘している。

（16）　梅津次郎「矢田地蔵縁起絵の諸相」（『絵巻物叢考』中央公論美術出版、一九六八年六月。初出『美術史』三九、一九六一年一月）。

(17) 前掲、註(16)梅津氏論文。

(18) 前掲、註(16)梅津氏論文の註(6)に掲載される。

(19) 『校刊美術史料 寺院編 上巻』中央公論美術出版、一九七二年三月、三〇五〜三〇六頁。

渡浩一「「満米上人巡獄譚」の成立と小野氏—矢田地蔵縁起成立考—」（『伝承文学研究』二六、一九八二年七月）において、護国寺本『諸寺縁起集』所収「矢田寺縁起」の奥書に「建仁二年九月廿四日尋於〈出敷〉此縁起奉施入　沙門静賢」とあることから、少なくとも建仁二年の「数十年前に成立していた」と推定し、最終的には「一一〇〇年前後」の成立という説を提示している。また、同論文には、「矢田地蔵縁起絵巻」の詞書と護国寺本『諸寺縁起集』所収「矢田寺縁起」との異同が掲載されている。

さらには、渡氏は、「絵解きと矢田地蔵縁起」（『一冊の講座 絵解き—日本の古典文学三—』有精堂、一九八五年九月）の註(11)において、奥書の「静賢」が「承安本『後三年絵』（散佚）の作者（『吉記』承安四年〈一一七四〉三月十七日条等）の静賢であるなら、祖本は絵巻物であった可能性が高い」と述べている。

(20) 所謂「三熱（三患）の苦」は、龍が受ける三つの苦しみであるが、ここでは閻魔王宮の王や臣下がその苦しみを受けている。なお、「矢田地蔵縁起絵巻」の詞書には「王宮悪増各苦三熱」とあるが、護国寺本『諸寺縁起集』所収「矢田寺縁起」では「王宮悪増各苦三」とある。

(21) 「矢田地蔵縁起絵巻」の詞書には「公臣共悦」とあり、護国寺本『諸寺縁起集』所収「矢田寺縁起」には「公臣苦脱」とある。

(22) 「矢田地蔵縁起絵巻」の詞書と護国寺本『諸寺縁起集』所収「矢田寺縁起」の両者に記される。

(23) 記紀の「海幸山幸神話」と「彦火々出見尊絵巻」の内容との相違点を指摘する先行研究としては、主に以下のものが挙げられる。
源豊宗「彦火々出見尊絵詞の研究」(『関西学院大学文学部記念論文集』一九五九年十月)。武者小路譲「「彦火々出見尊絵」について」(『日本文学』一九―七、一九七〇年七月)。永井久美子「弟の王権―「彦火々出見尊絵巻」制作背景論おぼえがき―」(『比較文学・文化論集』一八、一九九一年三月)。小川豊生「中世日本紀の胎動―生成の〈場〉をめぐって―」(『日本文学』四二―三、一九九三年三月)。稲本万里子「描かれた出産―「彦火々出見尊絵巻」の制作意図を読み解く―」(『生育儀礼の歴史と文化―子どもとジェンダー』森話社、二〇〇三年三月)。高橋昌明「後白河院と平清盛―王権をめぐる葛藤―」(『歴史評論』六四九、二〇〇四年五月)。
(24) 前掲、註(23)の先行研究のうち少なくとも永井氏論文・稲本氏論文・高橋氏論文は、当絵巻制作時にストーリーの改変が行われたと唱えているように読み取れる。
(25) 前掲、註(1)拙稿。
(26) 『大正新修大蔵経』第一五巻、一四四~一五七頁。
(27) 中村史氏は、「大施太子本生譚の誕生」(『小樽商科大学 人文研究』一一一、二〇〇六年三月)において、「精進波羅蜜」つまりは大施太子本生譚の源の一つとして『賢愚経』巻第八「大施抒海品」所収の大施波羅門本生譚を挙げているが、同話においては、釈迦の前生である大施波羅門は、龍王から伎楽や飲食による供養を受けつつ、龍宮において「為説法」「分別諸法名字本末。広宣其義」等し、その代償として龍王から如意宝珠を与えられていることがわかる(『大正新修大蔵経』第四巻、四〇四~四〇九頁)。
(28) 阿部泰郎「「大織冠」の成立」(『幸若舞曲研究』第四巻、三弥井書店、一九八六年二月)。

(29)　内藤栄「「仏舎利と宝珠」展概説」（特別展『仏舎利と宝珠―釈迦を慕う心』図録、奈良国立博物館、二〇〇一年七月）。
(30)　松本郁代氏は、「鳥羽勝光明院宝蔵の『御遺告』と宝珠―院政期小野流の真言密教―」（『覚禅鈔の研究』親王院堯榮文庫、二〇〇四年一二月）において、『御遺告』は、大治二年（一一二七）に真言小野流の僧・範俊によって宝珠とともに白河院に献上され、後にやはり宝珠とともに鳥羽勝光明院宝蔵に安置されたことを指摘している。
(31)　『大正新修大蔵経』第七七巻、四一三頁。
(32)　『大正新修大蔵経 図像』第五巻、六一一頁。
(33)　前掲、註(32)、六〇一頁。
(34)　『新日本古典文学大系三五 今昔物語集三』岩波書店、一九九三年五月、五〇七～五〇八頁。
(35)　前掲、註(1)の拙稿において詳述している。
(36)　『大日本仏教全書』第一〇六巻、仏書刊行会、一九一七年一二月、九～一七頁。
(37)　柳澤孝「真言八祖行状図と廃寺永久寺真言堂障子絵（三）」（『美術研究』三〇四、一九七七年三月）。
(38)　前掲、註(36)、一〇頁。また、「真言伝」（前掲、註（36）、一〇二頁）には、「又師子国ニ至ル。国王是ヲ、宮中ニ向へ、七日供養ス。〈中略〉宰輔大臣悉ク敬ヲ致。即仏牙寺ニ至テ、龍智阿闍梨ニ遇フ」とある。
(39)　前掲、註(28)阿部氏論文。

謝辞

本稿は、平成一八～一九年度科学研究費補助金若手研究（B）の助成を受けた研究成果の一部です。

金剛山寺所蔵「矢田地蔵縁起絵」の調査ならびに写真掲載に関しては、金剛山寺ならびに奈良国立博物館より御高配を賜りました。宮内庁書陵部所蔵「彦火々出見尊絵巻模本」の調査に際しては、宮内庁書陵部より御高配を賜りました。本稿を成すに当たっては、東北大学名誉教授・有賀祥隆先生ならびに東北大学空間史学研究会の顧問の先生方、同編集委員の方々から種々の御助言御助力を賜りました。
末筆ながらここに記して深く感謝の意を表します。

挿図出典

図1・2・3　『十二世紀のアニメーション―国宝絵巻物に見る映画的・アニメ的なるもの』徳間書店、一九九九年三月。
図4　『日本美術全集 第二巻 飛鳥・奈良時代Ⅰ 法隆寺と奈良の寺院』小学館、二〇一二年一二月。
図5　『小学館ギャラリー 新編名宝日本の美術 第一一巻 信貴山縁起絵巻』小学館、一九九一年四月。
図6　『サントリー創業百周年記念展Ⅳ 特別公開 国宝 信貴山縁起絵巻』サントリー美術館、一九九九年九月。
図7　奈良国立博物館所蔵写真。
図8　『美術研究』三〇四、一九七七年三月。
図9　『続日本絵巻大成一四 春日権現験記絵 上』中央公論社、一九八二年五月。

■論文

近世源氏物語絵が描こうとした王朝の世界
――住吉具慶筆「源氏物語絵巻」（MIHO MUSEUM蔵）にみる貴族住宅・洛外・遊興の表現を通して

赤　澤　真　理

はじめに――近世に描かれた源氏物語の世界

江戸時代の人々は、平安時代に書かれた源氏物語の住まいをどのように理解し、絵画世界に表現したのだろうか。本論文は、近世に描かれた源氏物語の絵画をもとに、当時の絵師や鑑賞者達の平安時代の寝殿造に対する理解を検討する。とりわけ、一七世紀において、同時代における近世的な要素と、寝殿造を想起させるような復古的な要素を複合することで、建築空間を描いた住吉具慶筆「源氏物語絵巻」（MIHO MUSEUM蔵）に着目する。

1　建築史における絵画史料研究

筆者はこれまで、建築史の立場から、近世に制作された源氏物語絵がどのような住空間を描いたのかについて、研究を進めてきた(1)。源氏物語絵は、現存最古のもので一二世紀に遡り、中・近世に至るまで、前年代に描かれた絵を継承し、新たな図様を創出する形で、多量に制作された。

従来、建築史の分野では、一二世紀前半の国宝「源氏物語絵巻」について、寝殿造の様相が示された絵画として注目がなされてきた。しかし、中・近世に制作された源氏物語絵に、いつの時代の住空間が描かれているのかについては、検討がなされてこなかった。建築史における絵画史料研究は、遺構や文献が補足する古代・中世が中心であり、近世であっても同時代の様相を主題とした風俗図や都市図を主とし、近世の物語絵に史料性が見出されることは少なかった。物語絵は物語を主題とし、絵画という虚構世界である媒体に表現されており、そこから現実の具体的な建築の姿を抽出し、復原の史料とすることは困難なためといえる。しかし、物語絵に表出された虚構の住宅が当時の建築空間の中でどのように描き出されたのかを検討することを通して、人々の歴史的な建築に対する学習や理解の水準などの多様な情報を読み解くことができるのではないか。筆者はこうした問題意識に基づき、物語絵に示された住宅表現の分析を試みてきた。

2　虚構としての寝殿造像

平安時代から鎌倉時代における貴族の住宅様式は、「寝殿造」という名称で定義づけられている。寝殿を中心に対が付属し、開放的な造りで、戸外の前栽や遣水と接している。釣殿や泉殿が設けられ、池と築山を舞台に、船楽等の華やかな宴が開催された。寝殿造のイメージは、源氏物語と重ね合わされて理解されることが多い。二〇〇八年は、源氏物語の成立から一〇〇〇年の節目にあり、「源氏千年紀」として各地で展覧会が催された。その際には、寝殿造の復原模型が出品され、光源氏の住まいである六条院が紹介されるなど、源氏物語の世界と寝殿造が結びついて理解されてきた。(2)

いっぽう、建築史における寝殿造研究は、こうした華やかなイメージからは距離を置き、古記録に書かれた貴族社

図１　京都御所清涼殿昼御座（『京御所文化への招待』淡交社、1994年）

会の儀式等を基に、寝殿造の実態とその変化を追及することに重点が置かれている。(3)

現在、寝殿造の具体像として紹介される、京都御所は、江戸時代後期に当時の学者が寝殿造の空間を考証した設計図を基に復原した建築である（図１）。京都御所内の紫宸殿・清涼殿・飛香舎は一八世紀後半に裏松固禅（一七三六～一八〇四）が、平安時代の宮殿を考証し、江戸時代に建設された寛政度内裏を、安政度（一八五五）に再建した。固禅は、平安宮内裏について書かれた古記録・絵図・絵巻を網羅的に収集し、復原図を作成した。

このように寝殿造は、失われた後の時代においても、人々に理解が共有され、江戸後期には、復原事業が推進された。寝殿造は、平安王朝文化の舞台として、近世においても、伝統的な天皇・公家の文化的象徴として、人々の間で共有されたのである。(4)

3 寝殿造から書院造、数寄屋風書院造への変容

さらに実在の日本住宅の変遷を確認していこう。平安時代の上流階級の住まいである寝殿造の空間は、母屋に対して、廂の空間が周囲を巡る。基本的に壁で囲まれた塗籠以外に固定的な仕切りはなく、開放的な空間である。柱は丸柱で、床は板敷に畳を置いた。一つの大きな空間を、几帳・屏風・御簾・障子で区切り生活した。外回りの建具は、蔀戸という黒塗の格子で、後に寝殿造を示す象徴的な要素となる。妻戸や遣戸も合わせて使用された。

その後、日常的な生活空間は、常設的な仕切りが増えていき、応仁の乱後（一四六七～一四七七）に、書院造と定義された新しい住宅様式が定着する。書院造では、母屋・廂の区別に関わりなく、建具で部屋を仕切るようになる。建具の納まりがよいように、柱は角柱となり、畳が規格化され、床に敷き詰められるようになる。さらに、床・棚・付書院・帳台構等の座敷飾りが固定化するようになる。

一七世紀において、書院造の空間から数寄屋風書院造と定義づけられた意匠が登場してくる。近世の御殿は、殿舎の表向きの空間は、金碧の障壁画で仕切られた絢爛豪華な様相であるのに対し、奥向の空間には、数寄屋風書院造の意匠が選択された。金碧の襖障子の替りに墨で描いた水墨画や唐紙を貼った襖障子が使用され、竹や網代で天井や縁廻りを仕上げ、座敷飾りの意匠は、自由で装飾的になる（図2）。数寄屋風書院造は別荘建築に採用された。桂離宮は、一七世紀前半に、正親町天皇第一皇子の第六皇子であった八条宮智仁親王（一五七九～一六二九）及び、智忠親王（一六二〇～一六六二）が、源氏物語の世界をイメージして造営した別荘である。[5] 桂離宮が造営された土地は、源氏物語松風の巻に登場する「桂殿」の由来となる藤原道長の桂山荘の跡地であった。由緒を理解していた智仁親王が邸地を拝領したのである。当時の皇族・公家は、池に浮かべた船上で和歌を詠み、管弦を奏で、酒宴を設けるといった源氏物語に書かれる生活文化を、桂離宮を舞台に体現しようとした。

図２　桂離宮新御殿一の間上段（『京御所文化への招待』淡交社、1994年）

4　寝殿造の復古的理解の萌芽

寝殿造が書院造の対比的な住宅様式として社会に広く認識されるようになるのは、一八世紀後半における寛政度内裏復古造営が契機となったと考えられる[6]。朝廷儀式の復興は、一七世紀後半の後西天皇（一六三七〜一六八五）や霊元天皇（一六五四〜一七三二）による古記録の書写に開始され、光格天皇（一七七一〜一八四〇）の在位中に、朝廷儀式を執行する空間として、内裏が復古造営された。この造営が、近世の人々において共有された寝殿造像の転換期となる。

一七八八（天明八）年に天皇の住まいである内裏が焼亡する。朝廷儀礼の復興に熱心であった光格天皇の意向と老中松平定信により、内裏の平安様式での復古造営が企画された。造営を担当したのは、京都の公家、裏松固禅である。固禅は、尊王思想家による宝暦事件に連座する形で宮中への出仕を止められ、永い蟄居生活を過ごした。その間、平安内裏に関する膨大な古記録・絵画史料を収集し、『大内裏図考証』、また貴族住宅に関する『院宮及私第図』を編纂する。この双方により、固禅以降の日本住宅史研究が進展する。その後、天保四年（一八四二）に住宅の通史である『家屋雑考』が成立する。『家屋雑考』に「寝殿造」「書院造」の定義が登場し、戦前までの日本住宅史観の形成に影響を与えた。

5　近世源氏物語絵に描かれた住空間の変容

以上を背景として、源氏物語絵に描かれた建築空間の変遷をみていこう(7)。

橋姫巻の、宇治の山里で薫が透垣の隙間から姉妹を垣間見る場面は、現存最古の一二世紀から描き継がれてきた図様である。いずれの絵においても、外に立つ薫と室内にいる姉妹の図様を継承している。

描かれた住空間表現を検討すると、一二世紀の源氏物語絵巻には、丸柱で、室内には何も置かれていない、簡素な空間を示している。その後、一六世紀の土佐光信が描いた源氏物語絵においても、簡素な様相は継承されている。

いっぽう、一七世紀の土佐光吉が描いた源氏物語絵になると、姉妹達の居る室内に華やかな金の几帳が登場する。

さらに、一七世紀の半ば、住吉具慶の絵巻をみると、室内に唐草模様の唐紙障子、透垣に竹など、豪華とは異なる意匠が登場し、同時代における数寄屋の要素が投影されている。住吉派が描いた貴族住宅には数寄屋の意匠とともに、寝殿造を想起させる丸柱や板敷などの要素が登場する。一七世紀の源氏物語絵においても、特徴的な表現である。

本論文では、特に、住吉具慶筆「源氏物語絵巻」（MIHO MUSEUM 蔵）（以下、MIHO MUSEUM 本）を検討していきたい。(8) まずこれまでの研究を通して、住吉派の活動とその住空間表現について概説する（第一章）。続いて、襖絵等の舗設に着目し、MIHO MUSEUM 本が、貴族住宅や洛外の住まいをどのように表現したかを検討する（第二章）。さらに MIHO MUSEUM 本が物語本文を基に、寝殿造表現をいかに試みたかを明らかにする（第三章）。最後に、選択された場面表現から、MIHO MUSEUM 本が表現しようとした源氏物語世界の分析を試みたい（第四章）。

一　江戸前期における住吉派が描いた住空間表現

1　住吉派の創始

住吉派は、一四世紀から続く土佐派の絵師、土佐光則の弟子として活動していた。(9) 寛文三年（一六六三）に後西天皇の命により、住吉大社絵所預として、新たに住吉派を創始した。如慶は、後水尾院の注文で「年中行事絵巻」を模写し、後西院や妙法院尭然法親王などの注文を受けるなど、宮廷の御用を務めている。いっぽう、天海の命で東照社縁起の諸本を制作するなど、徳川将軍家の御用もした。息子の具慶は、幕府御用絵師となる。

2　住吉派が描いた住空間

住吉派が活動した同時期に宮廷や幕府の御用をした絵師工房には、狩野派と土佐派がある。伝統的なやまと絵を画業とする土佐派から分派した住吉派は、狩野派・土佐派とも異なる独自の絵画表現を構築しようとした。(10)

一七世紀の源氏物語絵は、同時代における書院造の様相が定着するとともに、各画派により特色がみられるようになる。土佐派は、近世的な金碧の襖障子・屏風を、古式的な白平絹の帷子・几帳等の調度に変化させることで古式的な空間を表現する。狩野派は、桂離宮で使用された桐紋の唐紙障子や装飾的な棚等、同時代の数寄屋風書院造の意匠を導入させ、源氏物語世界を当時の上流階級にとって理解のしやすいように表現した。

いっぽう住吉派は、貴族住宅や洛外の住まいに白漆喰の壁のほか、淡彩の襖絵などの数寄屋風書院造の要素を選択するとともに、貴族達が遊興をする空間に、開放的な造り、丸柱、板敷、渡殿等の古式的な構成要素を登場させる。こうしたなかにあって、同じ住吉派が描いた物語絵においても、それぞれの絵が制作された状況に応じて、住空間表現に異なりが生じることが確認される。

3　住吉派における住空間表現の相違

源氏物語絵ではないが、住吉具慶筆「徒然草画帖」（東京国立博物館蔵）の「延政門院」は、後嵯峨天皇の皇女が父に文を差し上げる場面であるが、渡殿で繋がれ、柱は角柱、室内には畳が敷き詰められており、近世的な様相が混在している（図3）。いっぽう、同じく具慶が描いた他の徒然草絵のうち、「徒然草図」（江戸千家蔵）には、同じく「延政門院」を描いた絵が遺されている。

「徒然草図」の「延政門院」では、柱は丸柱、室内は板敷に置畳、屏風や几帳で室内を仕切る構成をとり、復古的な要素を選択する。「徒然草図」は大型の色紙であり、復古的な様相が採られ、詳細に描かれている（図4）。このように、同じ主題の物語絵が複数作られた場合、同じ情景を描いても、復古的な様相か、近世的な様相を選ぶかには、画面の大小、描かれる絵の個数などの制作状況で異なりがみられる。[11] 近世における源氏物語絵の住宅表現の特質を明らかにするためには、それぞれの源氏物語絵がどのような世界を描こうとしたのか、画面形式・絵師工房・制作背景などを検討し、詳細に分析する必要がある。

図３　住吉具慶筆「徒然草画帖」第62段（東京国立博物館蔵）
（『江戸名作画帖全集（五）光則・光起・具慶』駸々堂出版、1993年）

図４　住吉具慶筆「徒然草図」第62段（江戸千家蔵）
（『古美術』91号、三彩新社、1989年）

二　MIHO MUSEUM本における住宅表現の展開——住まいをどのように描き分けたか

MIHO MUSEUM本は、源氏物語一巻から一場面ずつを選び、全五四段を五巻にまとめた絵巻である（表1）。詞書は、霊元天皇、後西上皇をはじめ、上層公家による寄合書きである。制作年代は具慶が当主になった如慶没後の寛文十年（一六七〇）から詞書執筆者の一人である久我広通が亡くなった延宝二年（一六七四）までの間とされる[12]。本絵巻は伊達家に伝来し、茶道文化研究所を経て、現在は、MIHO MUSEUAMの所蔵となっている。

表　MIHO MUSEUM蔵「源氏物語絵巻」場面一覧

1	桐壺	源氏の加冠の禄として左大臣に帝より物を賜う。
2	帚木	源氏、方違えで、中川の紀伊の邸に行き、歓待される。
3	空蟬	源氏、空蟬の脱ぎ捨てた薄い衣を取って、侘しく部屋を出る。
4	夕顔	源氏、惟光に紙燭を持たせて扇をみると、女の移り香が染み、歌が書いてある。
5	若紫	源氏、加持祈禱の暇々に散策をしながら景色を眺め、諸国の名勝や明石入道の娘の話など、供人たちが語るのを聞いた。
6	末摘花	源氏と頭中将は一つの車で左大臣邸へ向かう。源氏、車の中で笛を吹く。
7	紅葉賀	朱雀院行幸の日、源氏、頭中将と青海波を舞う。
8	花宴	右大臣邸の藤花の宴に招かれた源氏、花宴の夜の女を探し、女一宮、女三宮のいる部屋の御簾を引く。源氏は裾を長く引いた大君姿。
9	葵	源氏、賀茂祭に出かけ、源典侍と和歌の贈答す。
10	賢木	雲林院に籠った源氏より文をつけて届けられた紅葉を藤壺うとましく思い、瓶に入れて廂の柱のもとに遠ざける。

11	花散里	源氏が中川辺りで聞こえた琴の音に興を引かれて惟光を入らす。門前に桂の木あり、時鳥鳴きすぎる。
12	須磨	頭中将と源氏、ともに山荘の馬が稲を喰うさまを珍しく眺める。
13	明石	入道邸に移った源氏、初夏の夕月夜に琴を奏で、入道は琵琶を弾く。
14	澪標	五月の朧月夜、源氏、花散里を訪れ、荒れた庭を見ながら間近で鳴く水鶏を聴いて歌を交わす。
15	蓬生	末摘花邸、荒廃する。
16	関屋	源氏、石山詣の途次、秋の逢坂の関で上京途中の常陸介・空蝉の一行に逢う。
17	絵合	源氏、絵合のための絵を選び、紫の上に須磨の絵日記を見せる。
18	松風	明石の君母子が舟で上洛し、入道が舟を見送る。
19	薄雲	迎えの車を寄せたところに明石の君自ら姫君を抱いて出る。
20	朝顔	源氏、女房らに御簾を巻き上げさせ、雪の積もった庭にさす月光を紫の上とともに見る。
21	少女	五節の舞姫を務める惟光の娘に付き添う童女を選び出すため、源氏はとりどりに美しい女童たちを御前に渡らせてみる。
22	玉鬘	秋の初瀬に詣でた右近、同宿の人々の中に顔見知りの女を認め、呼び出して、玉鬘一行と知る。弓を持つ男らが同行している。
23	初音	男踏歌の翌日、源氏、みごとな袋に収めてあった琴を数多く取り出して、調弦し、婦人たちを集めて内々の後宴をしようと考える。
24	胡蝶	玉鬘のもとを訪ね、言い寄った源氏、帰りぎわに御簾を引き上げ、庭の呉竹に寄せた歌を詠みかける。
25	蛍	長雨が続く毎日、源氏が玉鬘の元で物語談義をしている場面。
26	常夏	近江の君が五節の君と双六をするところを内大臣覗く。
27	篝火	夏の夕、源氏、琴を枕に玉鬘に添い臥し、池畔の燃え立つ篝火を見て歌を交わす。その折、花散里の東の対から夕霧や柏木らの合奏が聞こえてくる。
28	野分	夕霧、野分の風に吹き上げられた御簾を押さえる女房たちを見て微笑む紫の上を垣間見る。
29	行幸	冬の大原野への行幸。主上の鳳輦に、親王・上達部ら多数が鷹狩姿で供奉。鷹匠も従う。

30	藤袴	夕霧、玉鬘を訪問し、秘めていた想いを伝える。
31	真木柱	玉鬘の去ったあと、主なき西の対に立ち寄った源氏、山吹の咲く春の庭を見て、玉鬘を想う。
32	梅枝	姫君入内のため、源氏、寝殿で女房に墨をすらせて草子を書く。
33	藤裏葉	紅葉の六条院に行幸。反橋・渡殿に錦を敷き、東の池では鵜飼。
34	若菜上	源氏、朧月夜の邸を早朝に立ち出る。藤の花が盛りの庭に網代車を寄せる。
35	若菜下	源氏、女三の宮のもとで柏木よりの恋文を発見。小侍従慌てる。
36	柏木	重病の柏木、女三の宮の返書を小侍従より聞く。父大臣が修験者と語る。
37	横笛	秋、夕霧、落葉の宮を訪問、想夫恋を合奏。帰りに一条御息所より柏木遺愛の笛を贈られ、試みに吹き鳴らす。
38	鈴虫	女三の宮を訪れた源氏、琴を弾く。奥では若い尼たち、仏壇供養。
39	夕霧	自邸で一条御息所の文を読む夕霧に、雲井雁忍びより手紙を奪う。
40	御法	三月、紫の上の法華経供養に多数の人々参会。桜咲く下で舞う蘭陵王を、紫の上は感慨深く眺める。
41	幻	御仏名の導師の僧を、源氏ねぎらう。咲き始めた梅の花に雪。源氏、置畳に屏風。
42	匂宮	夕霧の催す賭弓の還饗に、匂宮・薫ら車を連ね、六条院へ。雪降る。
43	紅梅	按察大納言、参内しようとする直衣姿の若君に笛の稽古をさせる。奥にいる宮の姫君にも琵琶を合わせるように勧める。
44	竹河	梅の盛りの玉鬘邸で薫、蔵人少将に会う。奥では女房たち、琵琶や箏を弾く。
45	橋姫	宇治の中の君、さしでた月を撥で招き、大君、琴をひきさして笑う。薫、有明の月に照らされた姉妹を垣間見る。
46	椎本	歳の暮れ近く、宇治の姫君のもとに山の阿闍梨より炭などが届けられる。姫君たちは綿、絹を贈る。
47	総角	匂宮、中の君と明けゆく宇治川を眺める。霧立ち、柴を積んだ舟が川面を行き交う。
48	早蕨	庭前の紅梅を愛でながら箏を掻き鳴らす匂宮のもとを訪れた薫、紅梅の枝を折り、匂宮に歌を詠みかける。
49	宿木	匂宮、晩秋の庭を前に琵琶を弾き、中の君は脇息に寄って思い悩む。渡殿、白漆喰壁、立蔀、室内側から描く。
50	東屋	三条の隠れ家で一夜を明かした薫、車を妻戸に寄せて浮舟を乗せ宇治に移そうとする。

51	浮舟	夜、宇治に忍んだ匂宮、薫の命で警戒が厳しく邸に入れず、野原に侍従を呼び出して逢う。
52	蜻蛉	薫、前庭の橘の花が香るなかで時鳥の鳴き渡るのを聞く。白漆喰の壁、棚が置かれた簡素な部屋。薫が匂宮に意味ありげな文を書く。
53	手習	秋、浮舟が身を寄せる小野の尼君の庵。浮舟、少将の尼に誘われて碁を打つ。
54	夢浮橋	小君、薫の文を小野の庵室に届け、尼君開いて浮舟に見せる。

（凡例）田口栄一氏・榊原悟氏の論考を基に作成させていただいた（参考文献、註（7））

住吉派が描いた源氏物語絵には、具慶の父である住吉如慶筆「源氏物語画帖」（サントリー美術館蔵）（以下、サントリー本）や「源氏物語画帖」（大英図書館蔵）（以下、大英本）、「源氏物語画帖」（石山寺蔵）（以下、如慶石山寺本）が知られている。

住吉具慶が描いたものとしては、他に「源氏物語四季賀絵巻」（MOA美術館蔵）、「源氏物語四季賀絵巻」（東京国立博物館蔵）、「源氏物語画帖」（石山寺蔵）（以下、具慶石山寺本）、「源氏物語若菜図屛風」（根津美術館蔵）があり、また住吉家に伝来した「源氏物語画帖集」（東京藝術大学美術館蔵）（以下、住吉家粉本）等がある。(13)「源氏物語画帖」（ブダペスト工芸美術館蔵）（以下、ブダペスト本）は、絵師は特定できないが、具慶と同世代ないしは次世代の住吉派画人の手によるものとされ、MIHO MUSEUAM本と図様が一致する。(14)

また、MIHO MUEUM本を描いた具慶の父の手による如慶石山寺本に、MIHO MUSEUM本と同様の図様が確認できることから、MIHO MUSEUM本は、具慶が前年代の如慶による源氏物語絵を継承することで制作されたと考えられる。MIHO MUSEUM本の図様は、住吉家に伝わる住吉家粉本の「源氏物語画帖集」とも一致しており、住吉派における源氏物語絵の規範の一つであったと考えられる。その中で、MIHO MUSEUM本は五四図を巻子装に仕立てた大規模な絵画として位置づけられる。

1　淡彩の襖障子と白漆喰の壁

まず、MIHO MUSEUM本における貴族住宅の表現をみてみよう。その特徴は、住宅の仕切りに淡彩の襖障子と白漆喰の壁を描くことであるが、それらはどのように描き分けられたのだろうか。

絵合巻は、源氏が絵合のための絵を選び、紫の上に須磨の絵日記を見せている場面である（図5）。近世の源氏物語絵において、絵合巻では、清涼殿において冷泉帝と藤壺が臨席した絵合の催しを描くことが多いが、MIHO MUSEUM本は、光源氏が須磨の旅日記を紫の上に見せ、当時の苦難の日々を思い出し、二人が和歌を詠み合う情景を選択する。

外周りに黒塗の蔀戸と御簾を描き、襖は余白をとった春の山々が描かれており、背後には巻子を置いた黒漆に梨地の二階厨子を描いている。MIHO MUSEUM本は、貴族住宅に淡彩の襖絵を描く。住吉家粉本には、同じ場面があるが、襖絵の画題は示されない（図6）。ただ、住吉家粉本には、本場面に文字で「春」と記されており、本場面の設定が春であることを示している。MIHO MUSEUM本は、本場面の季節を踏まえ、襖に春の山々を描いた可能性がある。

いっぽう、白漆喰の壁をみていこう。朝顔巻は、雪の降る夕暮れに源氏と紫の上が御簾を巻き上げて、降り積もった雪を眺める場面である（図7）。源氏は、世間の人が心ひかれる花紅葉の盛りよりも、冬の夜の澄みきった月の光に雪の照り映えている空こそが、はなやかな色のない眺めながら身にしみると語る。

同時期の土佐派、住吉如慶によるサントリー本・大英本の源氏物語絵では、庭で童女達が雪玉を転がす場面を選択

図５　住吉具慶筆「源氏物語絵巻」「絵合」（MIHO MUSEUM 蔵）
（以下、MIHO MUSEUM の蔵品は同館所管の写真を使用）

図６　住吉家粉本中「源氏物語画帖集」（東京藝術大学美術館蔵）

図７　住吉具慶筆「源氏物語絵巻」「朝顔」（MIHO MUSEUM 蔵）

するが、MIHO MUSEUM 本において具慶は、雪玉を転がす童女の様を描くのではなく、室内に源氏と紫の上の二人が座る情景を表現している。庭の松と竹、雪にたわんだ植え込み、遣水の音がして、寂しい風情を表現している。

ここで外周りの壁には、白漆喰の壁が描かれている。白漆喰の壁を選択することは、如慶から続く住吉派による源氏物語絵の特色である。土佐派による源氏物語絵は、金碧の襖障子とした仕切りを、住吉派は白漆喰の壁を選択する。豪華な様相を避け、本場面の寂しげな情景とよく調和している。

漆喰壁を採用している場面には、鈴虫巻の女三の宮を訪れた源氏が琴を弾き、奥では若い尼たちが仏壇供養する場面や、宿木巻の匂宮が晩秋の庭を前に琵琶を弾き中の君は脇息に寄って思い悩む場面、蜻蛉巻の薫、前庭の橘の花が香るなかで時鳥の鳴き渡るのを聞くなど、いずれも物悲しい情景である。MIHO MUSEUM 本は、場面の情景に合わせて、白漆喰の壁を採用したと考えられる。

図８　住吉具慶筆「源氏物語絵巻」「蛍」（MIHO MUSEUM 蔵）

２　空間の使用者と襖絵

①　女性の空間

MIHO MUSEUM 本には、淡彩の他に、水墨や唐紙などの多様な襖絵の意匠がみられる。登場人物によって、意匠を描き分けているのだろうか。

蛍巻は、長雨が続く毎日、源氏が西の対の玉鬘の元を訪ね、物語談義をしている場面である（図８）。几帳の陰に居るのが玉鬘で、光源氏と向かい合わせで座る。「こなたかなたにかかる物（絵や物語）どもの散りつつ」「硯を押しやりたまへば」とあり、散らばった巻子や硯を描いている。別室にいる女房達は、本文に記載がある玉鬘の元にいる大勢の若い女房達と考えられる。画面の右側に描かれた妻戸は、画帖形式のブダペスト本や住吉家粉本にはみられず、MIHO MUSEUM 本は、妻戸を描くことで、横長の画面で、光源氏が入ってきた経路を示している。

玉鬘の背後は、浜松を描いた襖障子の下に黒漆の浜床が描かれている。浜床は、寝殿造において寝所等に使用された御帳台の土台である。いっぽう、朱色の房が架けられて

図９　住吉具慶筆「源氏物語絵巻」「若菜下」（MIHO MUSEUM 蔵）

いることから、近世における座敷飾の一つである帳台構を想起させる。帳台構は、寝所の周辺が装飾化されることにより成立したとされている。ただ本図では、帳台構の特徴である上部の鴨居がない。本図は、平安時代における御帳台の浜床と近世における帳台構が融合した形とも考えられる。浜床を居住空間の装飾として採用し、若い女性である玉鬘の空間を詳細に描いている。

他の女君の居住空間はどのように描かれているのだろうか。若菜下巻は、源氏、女三の宮のもとで柏木よりの恋文を発見し、小侍従は慌てる場面である（図９）。光源氏が昼の御座所で、女三の宮の御褥の下から、柏木の文を見つける。小侍従は几帳の綻びから源氏の様子を確認している。几帳は、菊の花々が描かれた繊細な意匠である。本文に小侍従が几帳の綻びから光源氏の様子を見たことは書かれていないが、前日の「人の参るにいと苦しくて、御几帳ひき寄せて去りぬ」とする記述を踏まえたものと考えられる。襖には、夏の終わりにふさわしく、桔梗などの秋の草花が細やかに描かれている。なお、住吉家粉本には、飛翔する

図10　住吉具慶筆「源氏物語絵巻」「夕霧」(MIHO MUSEUM蔵)

鳥と秋草のような絵が描かれており、几帳には何も描かれていない。季節に添った桔梗の襖絵や菊の几帳は、女三の宮の昼御座の表現として、描き込まれた意匠と考えられる。

②　男性の空間

他の貴族住宅はどのように描かれているのだろうか。夕霧巻は、夕霧が自邸で灯火を引き寄せて、一条御息所の文を読んでおり、妻である雲井雁が忍びより、手紙を奪う場面である。雲居雁の背後の襖に、空に飛び立つ水鳥の絵が描かれており、雁のようである(図10)。雲居雁という名に由来し、襖に雁を表現している可能性がある。住吉家粉本では、飛び立つ水鳥（雁か）が屏風に描かれている。

柏木巻は、重病の柏木、女三の宮の返書を小侍従より聞く場面である(図11)。父大臣が修験者と語る空間は、漢画の水墨画が固い筆致で描かれており、中国風の建築がみられる。いっぽう、柏木の居る空間は白梅を描いている。

水墨画の襖・屏風は、他の場面においては、真木柱巻、玉鬘の去ったあと、主人なき西の対に立ち寄った源氏が山

図11　住吉具慶筆「源氏物語絵巻」「柏木」（MIHO MUSEUM 蔵）

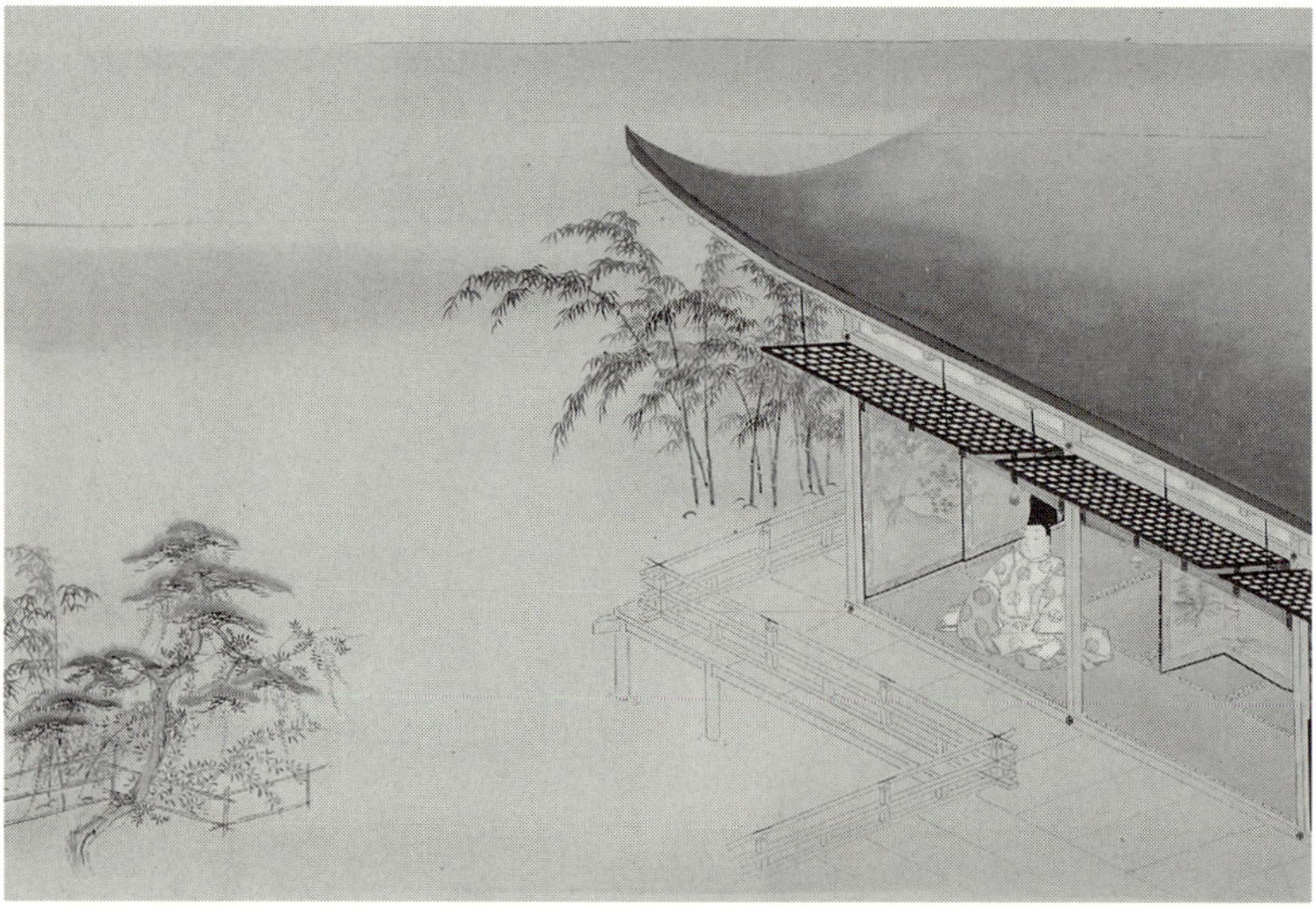

図12　住吉具慶筆「源氏物語絵巻」「真木柱」（MIHO MUSEUM 蔵）

吹の咲く春の庭を見て、玉鬘を想う場面に、源氏の後ろに立てられている（図12）。水墨画の襖・屏風は男性の空間に使用されており、これに対して女性の空間には淡彩で瀟洒な襖絵が描かれたことが指摘できる。

なお、MIHO MUSEUM本と同様の図様を採るブダペスト本の柏木巻では、父大臣が修験者と語る空間にやまと絵風の松と山々が描かれ、MIHO MUSEUM本のような描き分けはなされていない。

③　洛外の空間

洛外の邸や貴族以外の隠れ家には、板葺の屋根、素地の蔀を描き、MIHO MUSEUM本では特に、唐紙障子や土壁を使用している。唐紙は、明石の入道の邸（明石巻）、花散里邸の荒れた庭の邸（澪標巻）、宇治の姉妹の居る邸（橋姫巻）等に描かれている。また、三条の隠れ家（東屋巻）、宇治の住まい（橋姫・総角巻）には、鼠色の土壁が使用されている。

MIHO MUSEUM本は、白漆喰の壁、襖絵（淡彩・水墨）、唐紙などの舗設によって、場面の状況や登場人物の居住空間を表現した。

三　MIHO MUSEUM本における物語本文の絵画化——寝殿造をどのように表現したか

いっぽう、MIHO MUSEUM本は、物語に書かれる寝殿造の表現の絵画化にどのように取り組んだのだろうか。MIHO MUSEUM本には、開放的な空間、丸柱・板敷などの寝殿造を想起させる要素が散見される。以下、これらの要素が選択された絵を詳しくみていきたい。

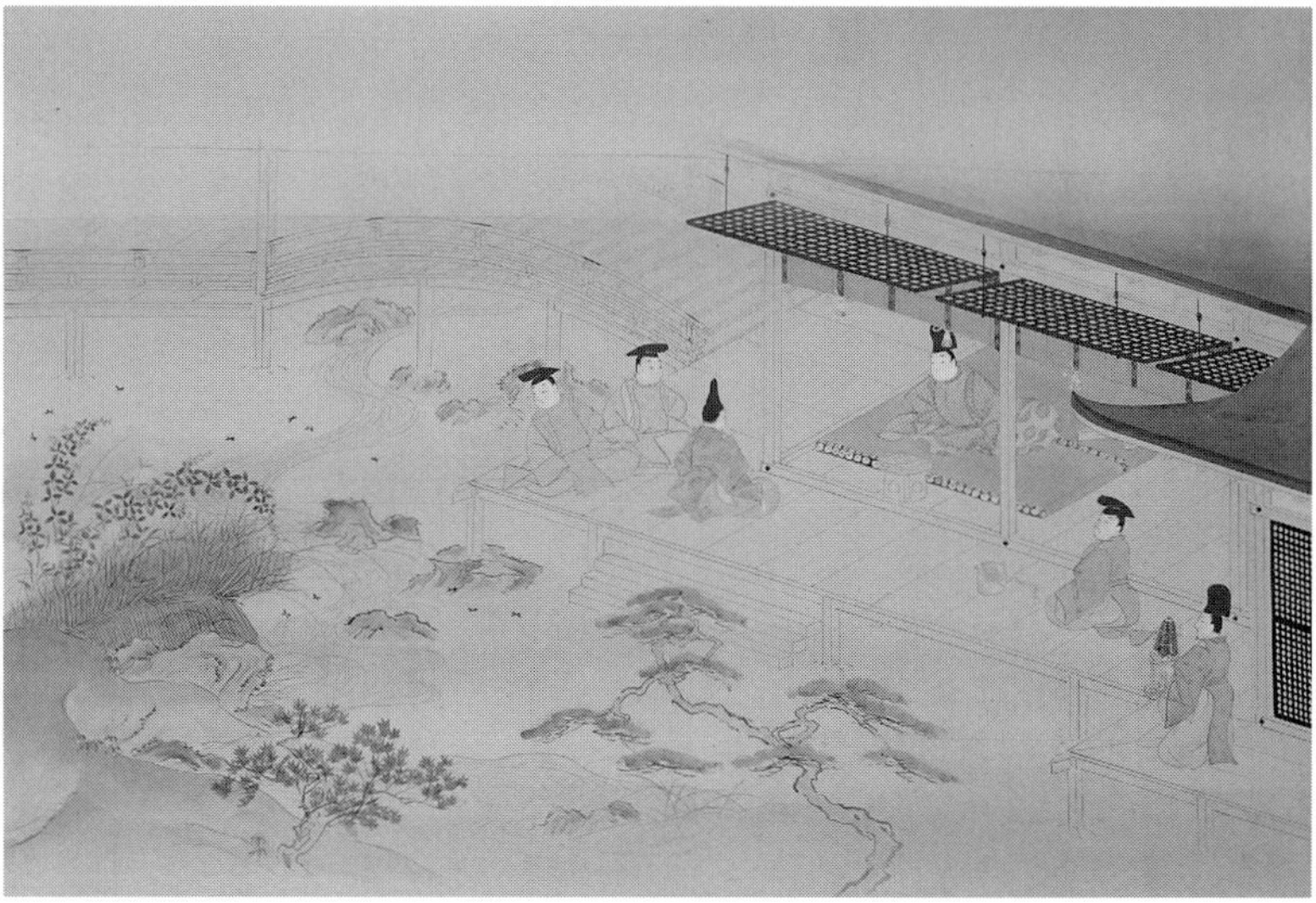

図13　住吉具慶筆「源氏物語絵巻」「帚木」(MIHO MUSEUM 蔵)

1　寝殿の表現

帚木巻は、源氏が方違えのために中川の紀伊の邸に行き、歓待される場面である(図13)。開放的な空間に、板敷に置畳、渡殿などの寝殿造の要素が示されている。本文を検討してみよう。

寝殿の東面払ひあけさせて、かりそめの御しつらひしたり。水の心ばへなど、さる方にをかしくしなしたり。田舎家だつ柴垣して、前栽など心とめて植ゑたり。風涼しくて、そこはかとなき虫の声々聞こえ、蛍しげく飛びまがひてをかしきほどなり。人々、渡殿より出でたる泉にのぞきゐて酒のむ。

改めて本文と照らし合わせ検討すると、開放的で板敷の室内は、「寝殿の東面払ひあけさせて」とあることから、畳や障子を取り払うことで、本場面を表現している。柴垣や前栽、反橋が架けられ、飛び交う蛍、紀伊の守が酒に添える副食物を運んでいることも本文の通りである。住吉家

図14　住吉具慶筆「源氏物語絵巻」「藤裏葉」（MIHO MUSEUM 蔵）

粉本と比較すると、MIHO MUSEUM本は横長の画面を使用し、反橋に透渡殿を繋げて描き、渡殿の床を、床の材と材に隙間がある簀子で表現している（以下、簀子とする）。

藤裏葉巻は、紅葉の六条院に院と帝が行幸する場面である（図14）。開放的な空間に、丸柱・板敷・渡殿等が示されている。

　　未下るほどに、南の寝殿に移りおはします。道のほどの反橋、渡殿には錦を敷き、あらはなるべき所には軟障をひき、いつくしうしなさせたまへり。

東の池に舟を浮かべて鵜飼を召し、寝殿には帝・朱雀院、少し下げて源氏の御席を設けたとある。絵に表現された渡殿の床は、簀子の表現である。

花宴巻は、右大臣邸の藤花の宴に招かれた源氏が、花宴の夜の女を探し、女一宮、女三宮のいる部屋の御簾を引く場面である。ここでは、丸柱が選択されている（図15）。

図15　住吉具慶筆「源氏物語絵巻」「花宴」（MIHO MUSEUM 蔵）

寝殿に女一の宮、女三の宮のおはします、東の戸口におはして、寄りゐたまへり。藤はこなたのつまにあたりてあれば、御格子ども上げわたして、人々出でゐたり。

御簾を垂らした室内に二人の女性が居て、藤の花、妻戸の開いている場所に源氏が座っており、本文の様相を表現している。

以上を通観すると、帚木巻・藤裏葉巻・花宴巻に共通する特徴として、物語本文に「寝殿」と記述があり、特に帚木巻・藤裏葉巻では特別な舗設がなされたことが記されている。物語の内容を、他の貴族住宅と区別して描こうとする意識に基づき、寝殿造を想起させる様相が選択されたと考えられる。MIHO MUSEUM 本の復古的な建築的要素は、物語本文を説明的に描こうとした具慶による考証の成果であった。

2　対・渡殿の表現

対や渡殿などの寝殿造の構成要素をみていこう。篝火巻は、初秋の夕、源氏は西対で、琴を枕に玉鬘に添い臥し、池畔の燃え立つ篝火を見て歌を交わす。その折、花散里の東の対から夕霧や柏木らの合奏が聞こえてくる場面である（図16）。本文に記載がある、涼しそうな遣水、地を這うように枝を広げている檀の木があり、東対には、笛を吹く柏木、弁少将が拍子を打ち、笙を吹く夕霧がいる。

源氏と玉鬘は、六条院夏の御殿の西対におり、柏木らは東対に居るという設定であり、柏木らの空間を築地塀で隠しており、姿が見えないように表現している。ただ、東対と西対が直接に廊で繋がれており、寝殿を中心に東対、西対が連結する寝殿造の構成の絵画化は意図していない。

次に、渡殿の表現をみてみよう。空蟬巻は、源氏が空蟬の脱ぎ捨てた薄い衣を取って、侘しく部屋を出る場面である（図17）。竹の節欄間がある杉戸や廊状の空間が描かれている。これは何を示しているのだろうか。本文には、「渡殿の口にかい添ひて隠れ立ちたまへれば」とあり、渡殿の戸口に沿って隠れていた光源氏の動作を絵画化するための道具立てと考えられる。廊状の空間に描かれた簀子の床は、帚木巻や藤裏葉巻との比定から、MIHO MUSEUM本における渡殿の表現と考えられる。屏風と几帳に囲まれた奥の空間には、空蟬の存在が暗示されている。

一二世紀から一四世紀頃に制作された「年中行事絵巻」・「春日権現験記絵」・「法然上人絵伝」等の絵巻に描かれた渡殿・釣殿等は、床の材に隙間がある簀子で表現されており、MIHO MUSEUM本は、これらの古絵巻を踏まえて表現した可能性がある。

野分巻は、夕霧、野分の風に吹き上げられた御簾を押さえる女房たちを見て微笑む紫の上を垣間見る場面である（図18）。同時代の土佐派による絵画や住吉如慶のサントリー本、住吉家粉本に同じ場面があるが、夕霧は、室の外の

図16　住吉具慶筆「源氏物語絵巻」「篝火」（MIHO MUSEUM 蔵）

図17　住吉具慶筆「源氏物語絵巻」「空蝉」（MIHO MUSEUM 蔵）

図18　住吉具慶筆「源氏物語絵巻」「野分」（MIHO MUSEUM 蔵）

縁側に立ち、室内の紫の上を見ている。

いっぽう、MIHO MUSEUM 本では、「東の渡殿の小障子の上より、妻戸の開きたる隙を〈中略〉、御屏風も、風のいたく吹きければ、押したたみ寄せたるに、見通しあらはなる廂の御座にゐたまへる人」という本文を踏まえ、夕霧が橋廊下に立っている。床材は簀子であり、先の帚木巻や藤裏葉巻を踏まえると、MIHO MUSEUM 本は、物語において夕霧が立つ渡殿を意図していると考えられる。

加えて、MIHO MUSEUM 本の特徴として、渡殿や廊などを効果的に使用することで物語上の展開を表現している。夢浮橋巻は、物語の最終巻であり、小君が薫の文を小野の庵室の尼君に届け、出家した浮舟に見せる場面である（図19）。几帳を介して浮舟と小君が座っている。簀子には円座が描かれている。

物語本文を検討すると、小君は当初、「円座さし出でたれば、簾のもとについゐて」とあり、円座に通されたが、「母屋の際に几帳たてて入れたり」「几帳のもとに押し寄せてたてまつりたれば」とあり、浮舟の近くの几帳の前に進

図19　住吉具慶筆「源氏物語絵巻」「夢浮橋」（MIHO MUSEUM蔵）

んだ。円座は当初の小君の座を示していると考えられる。MIHO MUSEUM本は、絵巻という横長の画面を活かし、一つの画面に、小君が邸を訪問し、廊を通り、円座に通されてから、几帳の前に座る空間の流れを表現したと考えられる。

3　中門・塗籠の表現

寝殿造の要素である中門や塗籠を描いた場面もみられる。竹河巻は、梅の盛りの玉鬘邸の奥で女房たち、琵琶や箏を弾く。築地塀で仕切られた中に、女房たちが琵琶と琴を弾いている。薫が中門を入ると、同じ直衣姿の蔵人少将を見つける。ただ、薫が入る門は、寝殿造の中門ではなく、平安時代末期の武家屋敷に登場し、武家の地位を象徴する門として表門の奥に使用された塀重門の形式となっている（図20）。門の屋根と冠木が無く、角柱に二枚の扉を付け、扉には井桁と襷桟がある。これは、MIHO MUSEUM本松風巻（図21）、同じ具慶が描いた「徒然草図」（江戸千家蔵）第一〇五段、男女が人気のない御堂で逢う話にも採用されている（図22）。

御法巻は、三月、紫の上の法華経供養に多数の人々が参会する場面である（図23）。桜咲く下で舞う蘭陵王を、紫の上は感慨深く眺める。

同時代の土佐派の源氏物語絵や住吉如慶のサントリー本・大英本における、源氏と紫の上が蘭陵王を御簾越しに見ている場面構成とは異なり、MIHO MUSEUM本では、女性達だけの空間となり、奥の襖に囲まれた空間に紫の上が鑑賞している。物語本文に即しているのはMIHO MUSEUM本である。

花散里と聞こえし御方、明石なども渡りたまへり。南東の戸を開けておはします。寝殿の西の塗籠なりけり。北の廂に、方々の御局どもは、障子ばかりを隔てつつしたり。

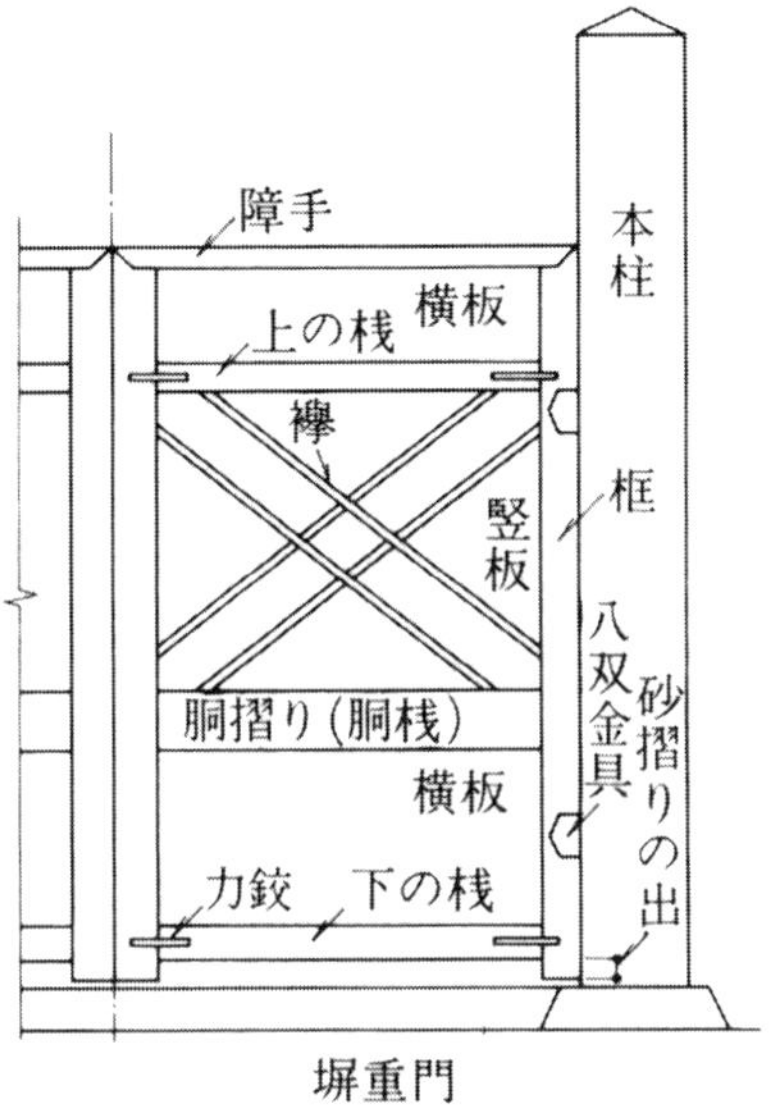

図20　塀重門
（『建築大辞典第二版』彰国社、2007年）

紫の上がいる襖障子と屏風で仕切り、下長押で区切られる画面の奥に位置する空間は、塗籠を意識して描いたものであろうか。襖の外側にいるのは、花散里・明石の君と考えられる。邸の内部の母屋にあるべき塗籠を邸の外周に描き、その建築構成を描くには至っていないが、MIHO MUSEUM本は、物語本文の記述を表現しようと試みている。

一七世紀においては、古絵巻を引用して古式的な建

図21　住吉具慶筆「源氏物語絵巻」「松風」（MIHO MUSEUM 蔵）

図22　住吉具慶筆「徒然草図」第105段
（『古美術』91号、三彩社、1989年）

図23　住吉具慶筆「源氏物語絵巻」「御法」（MIHO MUSEUM蔵）

築は描けたが、一から寝殿造の表現を描出することには困難が生じたことが窺える。その中で、これまでに掲げた丸柱・板敷・簀子等の要素に、住吉派の考証の痕跡を読み取ることができる。

4　古画学習の成果

さらに、少女巻は、五節の舞姫を務める惟光の娘に付き添う童女を選び出すため、源氏はとりどりに美しい女童たちを御前に渡らせてみる場面である（図24）。本場面は、源氏物語絵として珍しい場面であるが、ここに描かれた五節の舞姫は、住吉如慶・具慶の模写した「年中行事絵巻」が基になっている。本図は、如慶筆「年中行事図屏風」（東京国立博物館蔵）にも引用されている。(15) MIHO MUSEUM本は、史料に基づいた姿の舞姫を描き、自らの絵師工房の情報の水準を誇示するために、本場面を選択した可能性がある。源氏物語絵という歴史的な主題ではない物語絵に、故実をとりこもうとしているのである。

図24　住吉具慶筆「源氏物語絵巻」「少女」（MIHO MUSEUM 蔵）

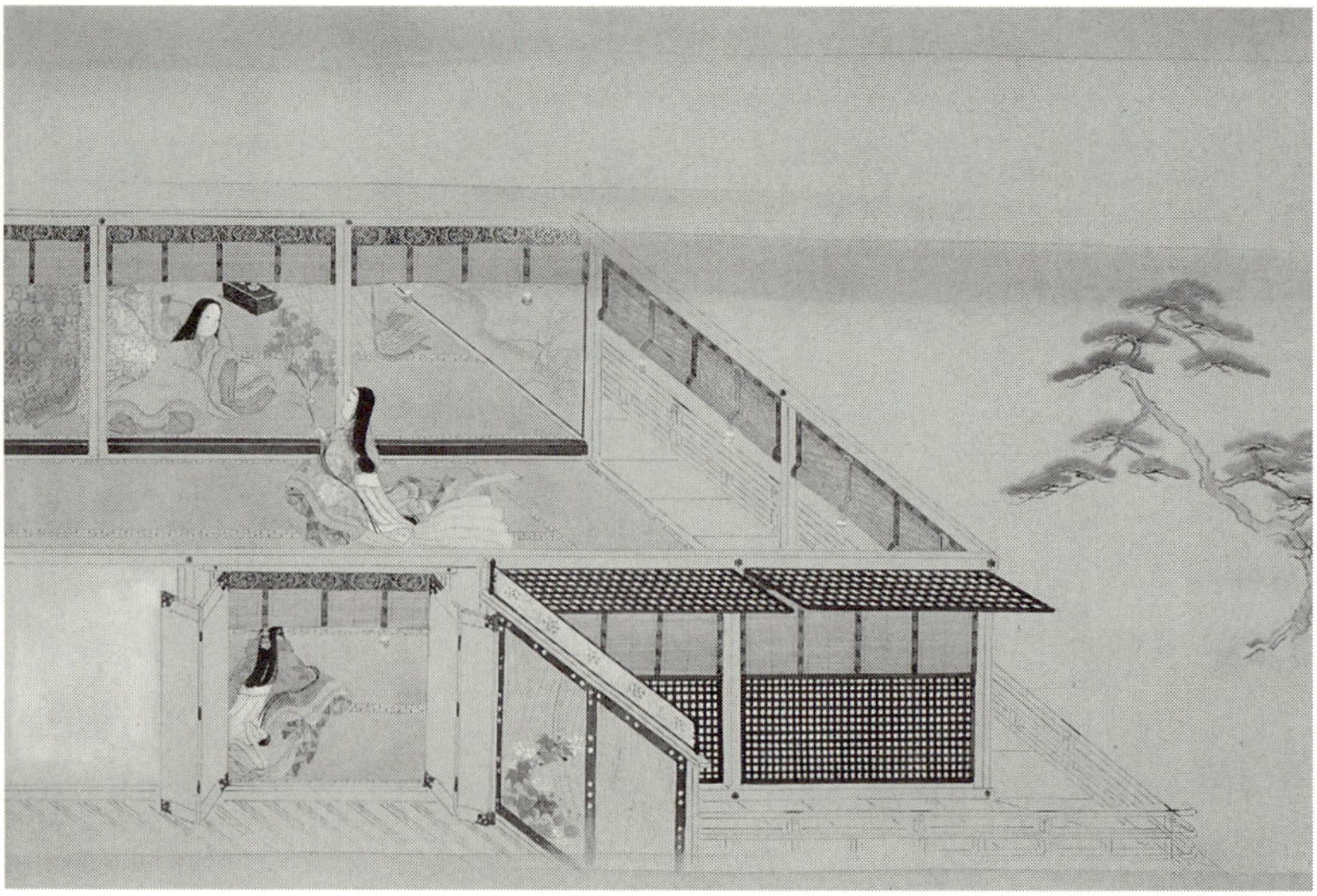

図25　住吉具慶筆「源氏物語絵巻」「賢木」（MIHO MUSEUM 蔵）

5　近世住宅の構成要素の投影

いっぽう、近世住宅の構成要素の投影について検討する。近世の多くの絵師が描いた大画面の源氏物語図屏風、源氏物語絵巻には、源氏物語世界の登場人物達の権威や格式、高貴さを表現するために、近世的な書院造の要素が色濃く投影されている。しかし、MIHO MUSEUM本には、近世住宅の格式表現である床・棚・書院等の座敷飾の要素や上段等が投影されていない。住吉派の絵画においては、座敷飾や上段等の近世住宅の要素は、王朝の世界に添わないものと考えられていた可能性がある。

そうしたなかであって、賢木巻は、上段の上に藤壺が座っている（図25）。本場面は、雲林院に籠った源氏より文をつけて届けられた紅葉を藤壺はうとましく思い、瓶に入れて廂の柱のもとに遠ざける場面である。上段は、MIHO MUSEUM本の他の場面にはなく、本文に示される「廂の柱」を表現するために、母屋と廂の段差を描いた可能性がある。しかし、框が黒漆で表現されており、近世住宅における上段の表現となっている。また、他の場面のように、襖が淡彩ではなく、金で塗られており、杉戸の上に花を描いた欄間を配するなど、装飾が豊かな空間となっている。藤壺の御座を、近世的な要素で表現し権威を示している。なお、住吉派の源氏物語絵の襖絵は全体に淡彩で示されるが、管見の限りでは、大英本（住吉如慶筆）の絵合巻、清涼殿における絵合の催しの襖が金で表現されており、権威や格式を示す表現の可能性がある。MIHO MUSEUM本は、住吉派が持つ情報を最大限に活用され、制作がなされているのである。

MIHO MUSEUM本は時代考証に加えて、中近世を通しての源氏物語絵の伝統を継承し、同時代の近世的な建築的要素を選択することで、華やかさを表現したと考えられる。

四　MIHO MUSEUM 本の場面選択——何を描こうとしたのか

最後に、場面選択を通して、MIHO MUSEUM 本が描こうとした源氏物語の世界について考察を加えたい。

1　多様な場面設定

MIHO MUSEUM 本は、京の貴族の華やかな暮らしだけではない、洛外における自然描写を丁寧に描いている。松風巻は、明石の君母子が舟で上洛し、入道が舟を見送る場面である。明石の浦に明石の君を乗せた舟が浮かんでおり、浜には塩焼小屋等が描かれている。明石御方と尼君は和歌を詠み合う（図21）。入道の邸は板葺の屋根に素地の板蔀であり、本文に示される山賤の庵を示していると考えられる。松風巻では、光源氏の桂での御遊等の華やかな場面があり、土佐派の源氏物語絵や住吉如慶の大英本が選択するが、MIHO MUSEUM 本は明石一家の物悲しい情景を選択している。

総角巻は、匂宮が中の君と明けゆく風情ある宇治川を眺める。霧立ち、柴を積んだ舟が川面を行き交う。柴を積んだ舟が影も淡く行き来する跡の白波も珍しく、山際が明るくなってくる。同巻には、宇治の紅葉狩りの華やかな場面もあるが、MIHO MUSEUM 本はこれを選択していない。また、土佐光吉・光起の源氏物語絵では、金碧の豪華な襖、板の遣戸の簡素な様相を描くが、MIHO MUSEUM 本は、土壁に素地の蔀戸で、宇治の住まいを表現している（図26）。

図26　住吉具慶筆「源氏物語絵巻」「総角」（MIHO MUSEUM 蔵）

2　私的な遊興の空間

MIHO MUSEUM本には、近世の源氏物語絵が好んで絵画化し、住吉家粉本にも選択される龍頭鷁首の船遊び、桂の大御遊、宇治川の紅葉狩りの華やかな場面は選択されていない。貴族達の生活に注目し、特に音楽を奏で、和歌を詠み、物語絵を鑑賞するなどの、文芸や遊びの情景を表現している。

横笛巻は、秋、夕霧が落葉の宮を訪問し、想夫恋を合奏する場面である（図27）。一条宮邸を訪問した源氏は、南廂に通され、御簾の内の一条御息所と合奏する。室内に置かれた琵琶等も本文の通りである。

紅梅巻は、按察大納言が参内しようとする直衣姿の若君に笛の稽古をさせる。奥にいる宮の姫君にも琵琶を合わせるように勧める。本文の通りに、寝殿の東の端に紅梅が美しく咲いており、御簾を垂らした空間に、宮の姫君が座っている（図28）。

他にも、初音巻（男踏歌の翌日、源氏、琴を数多く取り出して、婦人たちを集めて内々の後宴をしようと考える）、宿木

図27　住吉具慶筆「源氏物語絵巻」「横笛」（MIHO MUSEUM 蔵）

図28　住吉具慶筆「源氏物語絵巻」「紅梅」（MIHO MUSEUM 蔵）

巻（匂宮、晩秋の庭を前に琵琶を弾き、中の君は脇息に寄って思い悩む）、早蕨巻（庭前の紅梅を愛でながら箏を掻き鳴らす匂宮のもとを訪れた薫、紅梅の枝を折り、匂宮に歌を詠みかける）など、MIHO MUSEUM本には、私的な御遊が数多く選択されている。(16)

おわりに――MIHO MUSEUM本が描こうとした王朝の世界

源氏物語に示される王朝の世界を、MIHO MUSEUM本において住吉具慶は、どのように絵画化したのだろうか。MIHO MUSEUM本には、近世の源氏物語絵が好んで絵画化した、豪華な調度を使用した絵合、龍頭鷁首の船遊び、桂の大御遊、源氏の女君達による女楽、宇治川の紅葉狩など、江戸時代前期からすれば、遠い平安時代における華麗な場面は選択されていない。二人程度による管弦の遊びを中心に、和歌や絵画に関わる場面、また登場人物の心情を示した場面、洛外における風景を詳細に表現している。御簾を介した男性と女性の合奏、和歌や物語絵の享受、洛外における豊かな自然など、近世の人々にとって身近に感じやすいであろう、邸内で展開する日々の生活と王朝文化との関わりが表現されている。

中世後期から近世の源氏物語絵の一部には、絵画の注文主の権威を高めるような、天皇と関わる場面、また、男性貴族達の遊興の空間が選択されたことが指摘されている。(17)また、婚礼調度として、船遊や舞楽、女楽の華やかな場面が多数絵画化されている。MIHO MUSEUM本が選択した図様は、一七世紀において土佐派から分派した住吉如慶を基礎に、具慶が理解した源氏物語世界に基づいて制作がなされたといえるだろう。

さらに、住宅表現に着目すると、MIHO MUSEUM本は、寝殿と対の配置や母屋・廂の構成を絵画化するに至っていないが、丸柱・渡殿・簀貴子等の要素に古絵巻の学習や考証が示されている。加えて、同時代の書院造や数奇屋風書院造の意匠を投影することで、華やかさを加えている。MIHO MUSEUM本は、住吉派が持つ情報源を基礎に、歴史考証と同時代表現を調和させることで、あるべき高貴な源氏物語世界を構築した。

近世の源氏物語絵に示された住宅像は多岐にわたり、そこには制作当時、近世の人々の王朝世界に対する多様な解釈が示されている。MIHO MUSEUM本は、絵が制作された時代の人々が共有した王朝世界への憧れを今に伝えてくれる。今日における寝殿造のイメージは、近世における王朝文化への重層的な理解を源泉とすることで形成されているのである。

註

（1）赤澤真理『源氏物語絵にみる近世上流住宅史論』（中央公論美術出版、二〇一〇年）。

（2）六条院については、池浩三『源氏物語―その住まいの世界』（中央公論美術出版、一九八九年）、角田文衞・加納重文編『源氏物語の地理』（思文閣出版、一九九九年）、池浩三編「源氏物語における建築」（『源氏物語の鑑賞と基礎知識―空蟬―』至文堂、二〇〇〇年）、浅尾広良「『源氏物語』の邸宅と六条院復元の論争点」（倉田実編『王朝文学と建築・庭園』竹林舎、二〇〇七年）、太田静六『寝殿造の研究』（吉川弘文館、二〇一〇年（新装版））等がある。

（3）川本重雄『寝殿造の空間と儀式』（中央公論美術出版、二〇〇五年）、飯淵康一『平安時代貴族住宅の研究』（中央公論美術出版、二〇〇六年）、同『続平安時代貴族住宅の研究』（中央公論美術出版、二〇一〇年）等がある。

（4）近年は公家社会、特に摂家においては、近世を通して邸内に寝殿造の構成要素が存続したことが指摘されている。西山良平・藤田勝也『平安京と貴族の住まい』（京都大学学術出版会、二〇一二年）において、藤田氏は、一三世紀から一九世紀まで、九条家や二条家について、「寝殿を中心的な存在として、寝殿から公卿座、侍廊、中門廊、中門、門という建物群は定式化した組み立てをもちつつ、路から寝殿に至るアプローチを形成していること、それらと反対側に塀、柵列等をめぐらせ寝殿正面を囲繞し、広庭を形成すること、内部空間における母屋・庇からなる空間的序列へのこだわり」等が看取されるとしている。

（5）斎藤英俊『名宝日本の美術第二一巻　桂離宮』（小学館、一九八二年）、西和夫『数寄空間を求めて―寛永サロンの建築と庭』（学芸出版社、一九八三年）。

（6）寛政度内裏復古造営については、前掲書（1）赤澤、西和夫「平安王朝への追慕―京都御所と仙洞御所」（『日本名建築写真選集第一八巻京都御所仙洞御所』新潮社、一九九三年）、小沢朝江「「復古」という流行」（『建築史の回り舞台』彰国社、一九九九年）、川本重雄「寝殿造と書院造―その研究史と新たな展開を目指して―」（『古代社会の崩壊』東京大学出版会、二〇〇五年）、藤田勝也・京樂真帆子・岩間香編『裏松固禅「院宮及私第図」の研究』（中央公論美術出版、二〇〇七年）、加藤悠希「『家屋雑考』の流布と「寝殿造」の定着過程」（『日本建築学会計画系論文集』六四六号、二〇〇九年）等がある。

（7）源氏物語絵が所収された書籍には、秋山光和『日本の美術一一九号　源氏絵』至文堂、一九七七年）、『豪華源氏絵の世界源氏物語』（学習研究社、一九九九年〈田口栄一「源氏絵の系譜―主題と変奏―」所収〉）、榊原悟「住吉派『源氏絵』解読―附書本詞書―」（『サントリー美術館論集』三号、一九八九年）、河田昌之「「源氏物語手鑑」考」（『和泉市久保惣記念美術館源氏物語手鑑研究』和泉市久保惣記念美術館、一九九二年）、佐野みどり監修『源氏絵集成』（藝華書院、二〇一一年）等がある。

（8）前掲書（7）田口、前掲書（7）榊原、『週刊絵巻で楽しむ源氏物語五十四帖』全六〇巻（朝日新聞社、二〇一一～一三

年）の解説（源氏絵については稲本万里子監修）を参考にさせていただいた。二〇一四年三月に、筆者が特別観覧をさせていただいたところ、本絵巻は、薄雲（一九）と朝顔（二〇）の絵に錯簡があり、蛍（二五）と藤袴（三〇）の絵にも錯簡が確認された。

（9）『江戸のやまと絵―住吉如慶・具慶』（サントリー美術館、一九八五年）、福山敏男『住宅建築の研究』（中央公論美術出版、一九八四年）。

（10）下原美保「元禄期における定家詠月次花鳥歌絵についての考察―光起本、探幽本、具慶本を中心とした比較」（『美術史』一四六号、一九九八年）。下原氏には、「住吉派の事例にみる古典受容の在り方の解明―画像のパターン分析を中心に―」の研究会によりご教示をいただいた。

（11）松原茂「住吉具慶筆『徒然草画帖』制作期とその背景」（『Museum』三八七号、一九八三年）。榊原悟「「徒然草図」二題」（『古美術』九一号、一九八九年）。

また、野口剛「中・近世の源氏絵の展開―住吉具慶「源氏物語図屏風」をケース・スタディとして―」（『王朝文学と物語絵』竹林舎、二〇一〇年）においては、住吉具慶が描いた「源氏物語若菜図屏風」（根津美術館蔵）が、光源氏の四十賀の晴の場面を、「春日権現験記絵巻」等を参照して復古的に描いたことも指摘される。

（12）前掲書（7）榊原、前掲書（8）稲本。

（13）前掲書（7）榊原、『石山寺の美　観音・紫式部・源氏物語』（大本石山寺、二〇〇八年）。

（14）『秘蔵日本美術大観十一　ウィーン国立芸術美術館 プラハ国立美術館 ブダペスト工芸美術館』（便利堂、一九九四年）（榊原悟氏の解説）。

（15）前掲書（1）赤澤では、住吉如慶筆「伊勢物語絵巻」（東京国立博物館蔵）に選択された清涼殿上の間が、「承安五節絵」等の絵画から建築を引用することで制作されたことを指摘した。また、MIHO MUSEUM本は儀式が開催された殿舎の釘隠等の金具を金で表現している。これらの傾向は「年中行事絵巻」の模本の書きこみ等に見出せ、「年中行事絵巻」模写の関連性を見出せるかもしれない（五十嵐有紀氏のご教示による）。

（16）御遊は、平安貴族達の管弦のことであり、その成立について、豊永聡美氏は、仁明から光孝朝にかけて（九世紀後半）、和琴・琵琶・笙・笛等が加わった奏楽形態が広がり、演奏者も諸大夫から親王・公卿に至るようになったことを明らかにしている。円融・一条朝（十世紀後半）には、「御遊」という呼称が頻繁に現れるようになり、これまでは饗宴の中の一部として奏楽がなされたものが、御遊が単独に催されるようになったとされる。豊永聡美「平安時代の宮廷音楽―御遊の成立について」（日向一雅編『源氏物語と音楽　文学・歴史・音楽の接点』青簡舎、二〇一一年）。

源氏物語に示された御遊の空間については、赤澤真理「楽奏の場としての平安建築―『うつほ物語』『源氏物語』に示された御遊の空間構成―」（『アジア遊学　東アジアと音楽文化』勉誠出版、二〇一三年）を参照されたい。

（17）千野香織・亀井若菜・池田忍「ハーヴァード大学美術館蔵「源氏物帖」をめぐる諸問題」（『国華』一二二二号、一九九七年）。

MIHO MUSEUM本には男性と女性、女性による私的な御遊の場面も選択されたことが指摘できる。その中で幻巻は、御仏名の導師の僧を、源氏ねぎらい、咲き始めた梅の花に雪がかかる、男性達による宴の場面を選択している。盃を賜るのも普段のしきたりより丁寧にし、禄を与えたとするが、源氏は、置畳に座り、屏風を置いている。

附記

『源氏物語』本文は新編日本古典文学全集、小学館から引用した。

本論文を執筆するにあたり、MIHO MUSEUM 岡田秀之氏、大阪芸術大学河田昌之氏、伊勢物語絵研究会の皆様にご高配を賜りました。また、本成果は、二〇一三年度同志社女子大学奨励研究によるものです。記して感謝申し上げます。

編集後記

本号巻頭の特集は、二〇一二年八月二日に開催した第二回空間史学研究会シンポジウム「装飾と空間」をもとに編まれた。「装飾」は、しばしば表層的かつ従属的な〝かざり〟としてみなされることがあるが、泉・窪寺両氏の議論を経たわれわれは、そこに多彩な意味と履歴が折りたたまれた層状の世界を認めることができるだろう。本書を「装飾の地層」と題した理由は、このような目論見と期待に基づいている。

継続する研究例会の登壇者からは、「空間」を多義的に捉えるための意欲的な論文をご寄稿いただいた。川口氏は、「場所」と「空間」の定義づけに関して、中国広東省の村落における祠堂を例に、両者の相互補完的なありようを浮かび上がらせている。齋藤氏は、慧能ゆかりの寺院の「場」をとりまく、祖師にまつわるテキスト・イメージの流通を「空間化」として捉える。大山氏は、ベトナム北部の仏教寺院とディンという守護神をまつる集会施設を取り上げ、祭祀の「場」の形成と展開を跡づけた。以上の「場」をめぐる三編に対し、五月女・赤澤両氏は、自律した二次元空間を有する絵画のうち、絵巻物という右から左へと進行する横長の画面形式をともに扱っている。五月女氏は異時同図法と称される物語絵における特徴的な構図の問題を、赤澤氏は描かれた貴族の住空間から近世における王朝文化受容の問題を取り上げる。両論は、絵画の「空間」に「時間」を定着させるありようを論じる点で共通している。「場」と「時間」というキーワードは、「空間」を読み解くうえでの重要な糸口として、今後も研究会で議論が重ねられていくだろう。

二〇一五年一月末日　空間史学研究会編集委員

海野　啓之

野村　俊一

（順不同）

【シンポジウム】

第二回　二〇一二年八月二日「空間と装飾」

・泉　武夫（東洋・日本美術史学）「山林の絵画表象と仏教荘厳」

・窪寺　茂（日本建築史学）「荘厳と機能の相関――天井の意味を考える」

【研究会】

第四回　二〇一一年一二月一日

・赤澤真理（日本建築史学）「近世源氏物語絵に示された住宅観――古代寝殿造への憧憬と復古表現を支えた考証」

・齋藤智寛（中国思想中国哲学）「光孝寺、南華寺の慧能関係碑文と『六祖壇経』――空間化されるテクスト」

第五回　二〇一二年四月二四日

・川口幸大（文化人類学）「中国村落社会における祖先祭祀空間の変遷――広東省珠江デルタの祠堂を事例に」

・髙本康子（比較文化論・日本近代史学）「日本人と熱河――戦時下の「喇嘛教」表象」

・菊谷竜太（インド・チベット仏教学）空間と儀礼――チベットにおけるルーラン・キンコル（立体曼荼羅）について」

第六回　二〇一三年三月一五日

・大山亜紀子（東洋建築史学）「ベトナム北部村落の寺廟と祭祀空間」

・五月女晴恵（日本美術史学）「彦火々出見尊絵巻」における「龍王のひめきみ」渡海場面について――『法華経』提婆達多品との関係性」

【空間史学研究会　組織】

■顧問

泉　武夫　東北大学大学院文学研究科　歴史科学専攻　東洋・日本美術史学

佐藤弘夫　東北大学大学院文学研究科　文化科学専攻　日本思想史学

長岡龍作　東北大学大学院文学研究科　歴史科学専攻　東洋・日本美術史学

藤井恵介　東京大学大学院工学研究科　建築学専攻　日本建築史学

■運営・編集委員

海野啓之　東北大学大学院文学研究科　歴史科学専攻　東洋・日本美術史学

川口幸大　東北大学大学院文学研究科　人間科学専攻　文化人類学

野村俊一　東北大学大学院工学研究科　都市・建築学専攻　日本建築史学

芳賀京子　東北大学大学院文学研究科　歴史科学専攻　美学・西洋美術史学

（いずれも順不同）

『関野貞アジア踏査』（共編著、東京大学出版会、2005年）
『日本の建築と庭—西澤文隆実測図集』（共編著、中央公論美術出版、2006年）
「建築の装飾革命—信長・秀吉・家康」『日本美術全集10　黄金とわび』（小学館、2013年）

「『鳥獣人物戯画』乙巻の源をめぐる一考察―（その二）正倉院宝物に見える『走獣図』群に着目して」（『論集・東洋日本美術史と現場―見つめる・守る・伝える』竹林舎 2012年）
「『彦火々出見尊絵巻』の制作動機に関する一考察―絵巻の基となった説話と仏画の図様との共通性に着目しながら」（『佛教藝術』334、2014年）

■長岡 龍作（ながおか りゅうさく） 1960年生まれ
東北大学大学院文学研究科教授　東洋日本美術史
主要論著
『日本の仏像　飛鳥・白鳳・天平の祈りと美』（中公新書、2009年）
「救済の場と造形」（『日本思想史講座１―古代』（ぺりかん社、2012年）
『日本美術全集２　法隆寺と奈良の寺院』（責任編集、小学館、2012年）

■野村 俊一（のむら しゅんいち）＊　1975年生まれ
東北大学大学院助教　日本建築史
主要論著
「山水の生成とその諸空間」（『空間史学叢書1　痕跡と叙述』岩田書院、2013年）
「黎明期の五山叢林とその建築・行事」（小島毅監修・島尾新編『東アジア海域に漕ぎ出す４　東アジアのなかの五山文化』東京大学出版会、2013年）
「中世禅院の仏殿とその機能・構造・意匠」（長岡龍作編『仏教美術論集４　機能論―つくる・つかう・つたえる』竹林舎、2014年）

■芳賀　満（はが みつる） 1961年生まれ
東北大学教授　ギリシア・ローマ・中央アジア考古学
主要論著
「俗と聖の接吻ー新出の「ディオニュソスとアリアドネ」像テラコッタを中心として古代地中海世界から中国まで」（『西洋美術研究』15、2009年）.
“Tyche as a Goddess of Fortune in “the Great Departure” scene of Life of Buddha”（Вопросы древней истории, филологии, искусства и материалъной культуры. Альманах.vol.3. К юбилею Эдварда Васильевича Ртвеладзе. Москва 2013）
「海獣スキュラの変容と東漸～ユーラシア大陸におけるギリシア図像の伝播とそのオリエントによる吸引」（『美術史歴参　百橋明穂先生退職記念献呈論文集』中央公論美術出版、2013年）
「ガンダーラの出家踰城図における女神テュケーの図像 - そのタイプ分類とヘレニズム時代ギリシアの視座からの新解釈」（『佛教藝術』333、2014年）

■藤井 恵介（ふじい けいすけ） 1953年生まれ
東京大学大学院教授　日本建築史・文化財学
主要論著

■川口 幸大（かわぐち ゆきひろ） 1975年生まれ
東北大学大学院文学研究科准教授　文化人類学
主要論著
『中国における社会主義的近代化—宗教・消費・エスニシティ』（共編、勉誠出版、2010年）
『東南中国における伝統のポリティクス—珠江デルタ村落社会の死者儀礼・神祇祭祀・宗族組織』（風響社、2013年）
『現代中国の宗教—信仰と社会をめぐる民族誌』（共編、昭和堂、2013年）

■窪寺　茂（くぼでら しげる） 1951年生まれ
建築装飾技術史研究所所長　建築装飾技術史・文化財修復学
主要論著
『江戸の装飾建築』（INAX、1994年）
『バーミヤーン仏教石窟の建築構造およびその意匠と技法（アフガニスタン文化遺産調査資料集５）』（共著、明石書店、2011年）
「日中寺院建築彩色意匠與施工技術的関連性—関於東亜彩画紋様謄写技法的傳播及其発展的考察」（王貴祥主編『中国建築史論彙刊』10、清華大学出版社、2014年）

■齋藤 智寛（さいとう ともひろ）1974年生まれ
東北大学大学院文学研究科准教授　中国思想
主要論著
『東北大学附属図書館所蔵中国金石文拓本集：附関連資料』（共編、2013年）
「所謂“見仏性”—唐代禅宗的実践」（方立天・末木文美士主編『東亜仏教研究Ⅳ—仏教制度与実践』宗教文化出版社、2014年）
「『楞伽師資記』考—『楞伽経』と『文殊般若経』の受容を手がかりに—」（『集刊 東洋学』111、2014年）

■佐藤 弘夫（さとう ひろお） 1953年生まれ
東北大学大学院文学研究科教授　日本思想史
主要論著
『神国日本』（ちくま新書、2006年）
『死者のゆくえ』（岩田書院、2008年）
『ヒトガミ信仰の系譜』（岩田書院、2013年）

■五月女 晴恵（そうとめ はるえ） 1971年生まれ
北九州市立大学准教授　日本美術史
主要論著
「『鳥獣人物戯画』甲・乙巻の筆者問題について—宮廷絵師制作の可能性をめぐって」（『佛教藝術』266、2003年）

執筆者・討論発言者　紹介（五十音順）　＊は本号編集担当

■赤澤 真理（あかざわ まり）　1979年生まれ
同志社女子大学生活科学部助教　日本建築史
主要論著
『源氏物語絵にみる近世上流住宅史論』（中央公論美術出版、2010年）
「歌合の場―女房の座を視点として」（国文学研究資料館編『陽明文庫王朝和歌集影』勉誠出版、2012年）
「楽奏の場としての平安建築―『うつほ物語』『源氏物語』に示された御遊の空間構成」（原豊二・劉暁峰編『アジア遊学 東アジアの音楽文化　物語と交流と』勉誠出版、2014年）

■泉　武夫（いずみ たけお）　1954年生まれ
東北大学大学院文学研究科教授　日本仏教絵画史
主要論著
『仏画の造形』（吉川弘文館、1995年）
『仏画の尊容表現』（中央公論美術出版、2010年）
『日本美術全集5 王朝絵巻と貴族のいとなみ』（責任編集、小学館、2014年）

■海野 啓之（うんの ひろゆき）＊　1979年生まれ
東北大学大学院文学研究科博士課程　東洋・日本美術史
主要論著
「「筬分／負別如来」考―快慶伝承の一例として」（『論集・東洋日本美術史と現場―つめる・守る・伝える』竹林舎、2012年）
「仏像光背考―〈ほとけ・像・人〉の場と空間」（『空間史学叢書1　痕跡と叙述』岩田書院、2013年）
「「殿」へのまなざし―古代・中世における仏像安置と厨子」（長岡龍作編『仏教美術論集5　機能論―つくる・つかう・つたえる』竹林舎、2014年）

■大山 亜紀子（おおやま あきこ）　1975年生まれ
日本大学理工学部研究員　東洋建築史
主要論著
「北部ベトナム仏教寺院の上殿の基本構成とその変化について」（『日本建築学会計画系論文集』576、2004年）
「ベトナム北部における仏教寺院の前堂の変遷に関する一考察」（『日本建築学会計画系論文集』625、2008年）
『日本美を訪ねる』（共著、エクスナレッジ、2014年）

空間史学叢書 2　装飾の地層

2015年（平成27年）3月　第1刷　発行　　　　**定価［本体3800円＋税］**

編　者　空間史学研究会

発行所　有限会社岩田書院　　代表：岩田　博　　http://www.iwata-shoin.co.jp

〒157-0062 東京都世田谷区南烏山4-25-6-103　電話03-3326-3757 FAX03-3326-6788

組版・印刷・製本：藤原印刷

ISBN978-4-87294-904-9 C3321 ¥3800E